親孝行プレイ

みうらじゅん

角川文庫
14653

はじめに――新しい親孝行の時代へ

新世紀の幕開けとともに、現代社会における「親孝行」は、ちょっとしたブーム、社会現象になりつつある。

しかし、安易に親孝行をしようとしたがために、数多くの者が親孝行に挫《ざ》折《せっ》し、親子間の断絶という深刻な事態を引き起こしていることも、見逃してはならない事実である。

その昔、父親の家長としての立場が明確で、子供は生まれた家に育ち、男ならば嫁をもらい、女ならばその家に嫁ぎ、親、義理の親と同居し、その生涯をお互いに見守っていた時代ならば、昔ながらの「親孝行」は成立したであろう。

しかし、1960年代の高度成長期のころから、日本の家庭事情は様変わりしていった。核家族化、少子化、人口の都市集中が進み、いまや親と子が同居することの方がめずらしい光景となりつつある。子供は都会のマンションで家族と暮らし、親は親で田舎で退職後の生活を送っている。交流があるとすれば、盆や正月の帰省時くらい。お互いの会話も孫の話題を介して、といったような塩梅《あんばい》である。

現代社会における親孝行の障害は、そこから現れているといっていい。これだけ生活様式が変わったというのに、それに見合う親孝行がいまだ開発されていないのだ。生活様式が変わった時点で親孝行の新しいスタイルを模索していれば、今日のような親孝行多難の時代を迎えなくてもよかったはずなのだ。時代錯誤の親孝行が生む悲劇。

人間というアニマルは、大事なことにいつも後から気づく。

親孝行学の権威と呼ばれて久しい私は、たえずこの問題に胸を痛め、一刻も早く世の親孝行を正しい道へと導きたいと思い、日々研究と実験を重ねてきた。

そして、ついにここで、私は現代日本に向けて宣言できる、親孝行の正しいスタイルを提唱することとなったのである。

「親孝行とはプレイである」

これがたえず親孝行と向きあい、親孝行学を探究し、親コーラー（親孝行実践者の意）として私が導きだした結論である。

プレイ。それはたとえば、「露出プレイ」とか「聖水プレイ」とか「放置プレイ」といったときに使われる意味での「プレイ」である。

「親なのに」

「子なのに」

「親子なのに」

これまで、親子関係、そして親孝行に挫《くじ》け、破れ、去っていった多くの若者たちは最後までそんな命題をぬぐい去ることができなかった。親子という特別な関係なのに、なぜ誰よりもコミュニケーションがうまく取れないのであろうかと悩み、傷つき、倒れていったのだ。

私自身も親孝行学を学び始めたころは、やはりこの命題にぶち当たって悩んだものだ。

しかし、今では諸君にこう教えることができる。

「親だからこそ」

「子だからこそ」

「親子だからこそ」

誰よりも気を遣い、誰よりもサービス精神を持ち、誰よりも接待感覚を忘れてはならないのだ。そう、親を喜ばせるという行為は、もはや「心の問題」ではなく、実際にどう行動するか——つまり「プレイ」の一環なのである。心に行動が伴うのではなく、行動の後に心が伴うのが、現代の親孝行なのだ。

まだ諸君の中には私のこの新説に疑心暗鬼の表情を浮かべている者もいるであろう。

しかし、私の親孝行学の研究成果すべてを語った本書を読み終えたとき、そんな君たちでも気づくはずだ。

「私のやってきた親孝行は、すべて間違いだった」と。

目次

第3章

親孝行プレイ2　帰省のテクニック

第4章

親孝行プレイ3　妻活用法

第5章

親孝行プレイ4 孫活用法

第6章

親孝行プレイ5 父親にも花束を

第7章 親孝行プレイ6 親孝行寿司

第8章 親孝行プレイ7 友活用法

第9章

母親はいつまでも恋人――私はいかにして親孝行家となったのか

構成／松久淳

第1章

親孝行宣言

── 親孝行家になるために

子供のころの「親孝行」の正体

具体的にどのように親孝行をしていけばよいのかを講義する前に、まず諸君には「親孝行家」（親コーラー）としての心得、親孝行プレイを行う際の心構えを会得していただきたい。

まず、自分の記憶をさかのぼっていただこう。

諸君は自分が子供だったころ、「天真爛漫《らんまん》な子供」だった時期というのがあったであろうか？

一般的には、子供は可愛い、子供は無邪気、子供は無垢《むく》、などと思われている。しかし、この言説は自分にはあてはまらなかった、と実は誰もが思っているのではないだろうか。実は誰もが、「天真爛漫な子供」を演じていた、と思っているのではないだろうか。

正月などで親戚《しんせき》が一堂に会したとする。そのとき、小学校低学年くらいの子供が、つかつかと自分の叔父《おじ》さんに歩み寄り、突然こんなませたことを言う。「叔父さん、いろいろあるだろうけど、夫婦仲良くね」

そんなことを子供が言えば、親戚全員が笑い、言われた叔父さんは「こりゃ一本取られたなあ」と頭をかく。その様子を見ていた親は困ったような素振りをみせながらも、どこか嬉《うれ》しそうに笑う。

これは、日本の正月におけるありふれた光景である。

さて、ここからが本題なのだが、ではその子供というのは、どういう目的でそんなませたことを言ったのであろうか。

実際に叔父夫婦の夫婦仲を心配していたわけではない。親にそう言えと吹き込まれたわけでもない。

そう、その子供は「そう言えば大人たちが喜ぶ」ということを充分知ったうえで、さらに自分の「子供」というキャラクターも踏まえて、「わかったようなこと」をわざと口にしたのである。

なぜ子供がそんなことを言ったのかといえば、それは大人たちにウケる喜びであったり、その後の「お年玉」「お小遣い」というギャラのためであったりするのだが、この例から知ることができるいちばん重要な点は、このようなことである。

「子供は小さいころから、親や大人を喜ばせるプレイをしている」

そう、「無邪気」とか「天真爛漫」という言葉だけで片づけられていた子供の言動は、すでに「プレイ」であったのだ。

親孝行は心でするもの、親孝行に計算や打算はいらない、とする古びた固定観念は、この例から見ても明らかなように、今すぐ捨てなければならないのがわかるであろう。

親孝行界に現れたスーパースター

私の親孝行学における新説を裏付けるように、この数年、新しい親孝行像を模索するうえで象徴的な存在が、現代日本に救世主のように現れた。

そう、「えなりかずき」その人である。

彼に関しては私よりも諸君の方が詳しいと思うが、一応説明しておこう。あの『渡る世間は鬼ばかり』（ＴＢＳ系）の名子役で、最近やたらとバラエティ番組にも引っ張りだこの人物である。えなりは1984年生まれでまだ10代半ばだというが、この数年で天下を獲《と》るんじゃないかと私は睨《にら》んでいる。

妙に大人びているんだけど、生意気に見えない。マンシングウェアを着て、ゴルフだって得意。演歌も歌えるし、趣味はアマチュア無線にピアノの弾き語りに三昧線。テレビ番組の企画で、いまどきのファッションをさせられたり、スノーボードをやらされたりしても、そういったものはことごとく似合わない子供。

えなりを一言で言い表せば、「無敵」ということになる。

そして、そんなえなりみたいな子供こそが、大人にもっとも喜ばれるのだ。タレントであるえなりのやっていることは遊びではない、仕事である。それは誰だってわかっているであろう。しかし、誰もがえなりのことを嫌いになれない。えなりを見ようと思ってテレビをつけることはないだろうが、テレビにえなりが出ていたら、チャンネルを替えられなくなってしまう。日本国民全員の誰もがえなりが気になってしょうがない。

それはなぜか。

理由は簡単である。前述した「ませたことを言うけど無邪気な子供」という、大人がもっとも喜ぶ子供像を、思春期になってもえなりは体現し続けているからだ。次項で解説するが、ほぼ95%の子供は、思春期を迎えたあたりから「大人が喜ぶ子供像」から自ら離れていくのだが、えなりはいつまでもその姿勢をキープし、そのまま年を取るという快挙を、全国民の前でリアルタイムに成し遂げているのだ。

えなりのような「大人勝りだけど優しい子」に大人は弱い。えなりは10代半ばになっても、大人のハートをわしづかみにしている。どんな社長だって、どんな偉い人だってえなりの笑顔でイチコロであろう。

だから、えなりには反抗期はない。

あれだけ若いうちから親や世間(えなりの場合はさらに国民全員が相手である)とうまくやっていれば、グレる必要もグレる時間もないであろう。えなりは狙った獲物は逃さず手に入れている。えなりが史上最年少の紅白歌合戦の司会に抜擢《ばってき》されても、史上最年少の国会議員になっても、あるいは突然東大に合格したり、所得番付の1位になったところで、もう我々はさほど驚かないのではないだろうか。

話がややそれてしまったようだ。親孝行の話に戻ろう。

さきほど私は、えなりが救世主のように現代日本における親孝行界に現れた、と書いた。

しかし、ここが肝心なポイントなのだが、えなりは救世主そのものではない。

なぜならば、我々の大半はすでに思春期という壁にぶちあたったとき、自分がえなりであることを辞めてしまっているからだ。思春期にグレたり、親孝行をしなくなってしまったのは、要は「えなりになれなかった」ということなのである。大人になってしまった今から、えなりかずきのようになろうと思ってもそれは不可能である。

しかし、えなりから学ぶことはできる。

えなりの何が大人や親に喜ばれ、えなりのどこが親孝行界において役に立つのか。

私は、「えなりにはなれなかったけれど、えなりに学びつつ、たまにはえなりのように親孝行をする」スタンスを強く推奨したい。そして、それを実践する者をこのように命名したい。

「エナリスト」と。

親孝行に臨む際の心の問題

冒頭に私が書いた、「親孝行とはプレイである」という言葉の意味が、諸君にもおぼろげながら見えてきたのではないかと思う。

この世に生を享《う》けて、やがて親孝行界デビューを果たしたころは、誰もがえなりかずきのような子供だった。プレイであっても、誰もが親に「肩叩《たた》き券」をプレゼントするような存在だったと思う。

しかしやがて、思春期という時期が訪れて、圧倒的多数の者がえなりかずきであることをやめてしまう。もしくは、えなりかずきから脱落してしまう。そう、親孝行というプレイを放棄してしまうのである。

この転換は大きい。思春期は言い換えれば反抗期、この時期に大方の諸君はこのようなことを考えてしまうのだ。

「自分は、親の言うとおりに生きてきただけではないのか」

この考えは間違ってはいないが、ここで「もう自分は自分の考えで生きていく」

と思うのが一般的で、「じゃあ、それを利用して生きていこう」という、えなりかずき的な発想はなかなか凡人には浮かばない。

その昔の日本家庭では、こういった事態は起きなかったであろう。生まれた家で親や祖父母と一緒に育ち、家を出ることがあってもそれは結婚するときのみ。そんな純粋培養の世界では、「誰もがえなり」から「大人になってもえなり」への道に、障害物はなかった。

しかし、現代日本はその家庭環境の変化だけでなく、テレビや雑誌、あるいは街を歩くだけでも、様々な情報があふれかえっている。その中には興味を引くものもたくさんあれば、欲求を持つものもたくさんある。そして、自己改革を促すものも、社会にアンチを唱えるものも、また膨大にある。

そこから、えなりかずきの道を見失い、人は大人になる代償として、親孝行を失ってしまったのだ。

私がかねがね警鐘を鳴らしてきた親孝行界の危機はまさにそこにある。

もちろん、昔ながらの家庭環境に戻り、再び誰もが素直にえなりかずきになれるようにしようと言いたいのではない。こういった変化に対応した親孝行のスタイルを、一刻も早く見つけなければならない、と警鐘を鳴らしているのである。

親孝行はプレイなのである。子供のころの親孝行も、実はプレイだったということから思い出していただきたい。では、プレイならば大人になってからでもそれはできることなのではないか？

誤解を恐れずに言うが、えなりかずきになれなかった者は、エナリストとして、「偽善」で親孝行をするべきなのだ。

この「偽善」という言葉に抵抗を感じる者もいるかもしれない。でも、よく考えてみてほしい。偽善を嫌がったところで、えなりかずきではない諸君は親に何をしてやれるというのか。「心ではいつも親を思っている」と主張したところで、その思いは本当に親に通じているのか。

諸君がそのつもりでも、まず間違いなく、親はそうは思ってはいない。

まずは行動。これが親孝行の第一原則だ。

心はともなわなくてもいい。偽善でもかまわない。どうせ自分はえなりかずきにはなれないと嘆く前に、まずはえなりに学び、エナリストになり、プレイとして親孝行をする「親コーラー」になってみる。

心の問題はここでは詳述しない。しかし、そんな風に行動を起こしてみたとき、そしてその行動によって親が喜ぶ顔を見たとき、諸君の中で、心が次第に行動に追いついていくことを、私は知っている。

第2章

親孝行プレイ1

親孝行旅行

親孝行旅行

——親孝行プレイの正念場

親孝行の定番とは

さて、ここからはいよいよ実践編である。実際にどのように親孝行プレイをしていくべきかを、具体的に述べていきたい。

諸君が「親孝行をしよう」と思い立ったとき、まず頭に思い浮かべる「親孝行」とはいったいどのようなものであろうか。

プレゼントを贈る？

実家に子供を連れて帰る？

もちろん、両方とも悪くはない。この2つの事例に関しては後ほど詳述もする。

しかし、まずはそれよりも効果も大きく、そしてより「親孝行感」が味わえることから始めていただきたいものである。

それは遺憾なく「親孝行プレイ」を実践できる、親孝行プレイの晴れ舞台とでもいうべき「旅行」、すなわち「親孝行旅行」である。

親孝行　自分で選ぶな　旅行先

昔の人はいいことを言ったものである。

親と一緒に旅行に行くと決めたとき、若い諸君のほとんどが「せっかく旅行に行くんだし、親孝行もしなきゃいけないんだったら、せめて好きなところに行きたい」と思うであろう。

しかし、もうすでにその考え方が私が提唱する親孝行道に反している。親孝行とは、親と自分が一緒に楽しむ、というものではない。親という客を喜ばせるためのプレイ。諸君はホスト、ホステス、ボーイ、支配人、S嬢、M嬢、掃除係のおばちゃんまで、「親孝行クラブ」従業員のすべての役割を担わなくてはならないのだ。

「一緒に旅行に行くって言っただけで、ウチの親は感激して泣いてましたよ」

そんなレベルで君は満足なのか？　そんな生半可な親孝行で、本当に親孝行をしていると皆に胸を張ることができるのか？

仮に旅行中に諸君が親と喧嘩《けんか》でもしたとしよう。そのとき、旅行先を諸君が決めていたのなら、親はその喧嘩の原因などそっちのけで、「だいたい、こんなところ来たくなかった」と言い出すであろう。

理不尽だなどと思ってはいけない。親というのはそもそも理不尽な人種なのである。登山家はそこに山があるから登り、親孝行家はそこに親がいるから親孝行をする。山に向かって「高すぎる」などと文句を言う登山家はいないわけで、親に向かって「理不尽だ」と文句を言うことほど意味のないことはないのだ。

理不尽な親は、旅行に行こうといえば、だいたいホテル代も高い正月という時期を指定し、そしてその時期であればほぼ間違いなく「温泉」を指定してくる。若い世代にはそれだけで苦痛かもしれないが、そこは親孝行クラブの支配人気分で、にっこりと笑って客のリクエストに善処していかなければならない。繰り返しになるが、親孝行プレイは諸君が親に対して行う奉仕プレイなのだということを忘れてはならない。

親孝行旅行のタブーとは

ただし、親孝行クラブの支配人として、客である親に唯一の「禁止事項」だけは申し伝えねばならない。

それは「同伴宿泊」である。

諸君の中には「もう旅行まで行ってるんだから、ついでに大きい和室の部屋にして、一緒に泊まってしまえばいいのでは？」と思う者もいるだろう。

確かに、そう考えてしまうのも無理もない。かくいう私自身も親孝行の道に入った初期のころは、そう思っていたものだ。

しかし、だからこそ私はそれが間違いであると身をもって知ったのだ。同伴宿泊は、一見、親孝行プレイとしてはもっともな行為のように思えることだが、まったくの逆効果だということを。

まず、想像してみてほしい。諸君が会社の同僚などと旅行に行ったとする。そのとき、同世代同士で同じ部屋であれば、いつまでも酒盛りは続き、積もる話や思い出話に花が咲き、夜が更けるのも忘れて愉快な時間を過ごすことができるであろう。

しかし、同じ部屋に20歳離れた上司がいたらどうであろう。

聞きたくもない彼らの自慢話につきあわされ、話したくもない自分の話をし、飲みたくもない酒をあおり、挙げ句の果てにはまだ眠くもない時間に消灯、という羽目に陥るであろう。

ここで重要なことを諸君に教えねばならない。

諸君の大半にとって、親とはその上司よりも年上なのだ。

それだけ世代も違えば、ましてやほとんどが離れて暮らしているわけで、会話の内容はもちろん、生活パターンにも大きな差がある。

息子や娘、あるいは孫に会えて、しかも一緒に旅行までできてどれだけ楽しかったとしても、彼らの夜は早い。諸君の想像以上に早い。諸君が「そろそろ『トゥナイト2』が始まるな」と思うころには、もう寝てしまっているのだ。

これを逃げ場のない同じ部屋でやられたときの苦痛は、上司と相部屋になったときの比ではない。諸君は諸君で、気を遣って小さな声で話をしなければならないし、当然『トゥナイト2』もボリュームを「2」くらいで見なければならない。もちろん、親にしてみても、控え目とはいえいつまでも話し声やテレビの明るさがある中で床につかねばならない。

かように、「同伴宿泊」には一利くらいはあるかもしれないが、圧倒的に百害の方が際立つのだ。

しかし初めての親孝行旅行で、親が同じ部屋に泊まりたいと同伴をせがんだ場合、諸君のような親孝行初心者にはそれを断るのも困難であろう。

ならば一度は諦《あきら》めて同伴宿泊をし、親が寝ようが酔っ払って大きな声で話し、『トゥナイト2』のボリュームも「20」くらいにして見るのがよいだろう。おそらく、次回の親孝行旅行からは、親は別の部屋を取るようになるはずだ。

親孝行プレイにはときとして、「相手に諦めてもらう」というのも必要なことである。

親と部屋を別にするもうひとつのメリット

前項で、世代の違う者が同じ部屋に寝ると、様々な局面で不都合が生じるという話をした。

しかし、それは同伴宿泊のデメリット、親孝行プレイのネガティブな面を回避する話である。だが、親と別の部屋に泊まることができれば、逆に思わぬメリットがある、ということも教えておきたい。

同伴宿泊を回避することができたら、大方の場合、隣同士に和室を2つ取り、ひとつに諸君の両親、もうひとつに諸君と諸君の妻(夫)と子供、という分け方になるであろう。

父親と息子、母親と義理の娘と孫娘、などと「男女別に」という分け方をする家族がいたとしたら、それは特殊な例なのでここでは触れない。

きちんとプラン通りに2部屋に分かれることができた場合、日中の観光をすませ、宿に戻って各々の部屋で浴衣《ゆかた》に着替えたら(その後に風呂《ふろ》に行くか行かないかはここでは重要な問題ではない)、おそらく親側の部屋に全員が集いそこで夕食、という運びになるのが一般的だ。

食事中の親孝行トークについては別項で詳述するが、その夕食後の展開こそが、諸君の親コーラーとしての腕の見せ所なのである。これは私が提唱し、最近の親孝行学会でも注目を集めている理論なので、心して理解していただきたい。

夕食がすみ、酔いざましのお茶を飲みながら話を終え、仲居さんがそろそろ布団を敷き始めたころ、それをきっかけに「そろそろ寝ようか」と、諸君と諸君の家族

親孝行旅行の正しい部屋割と、就寝直前の親孝行プレイ配置図

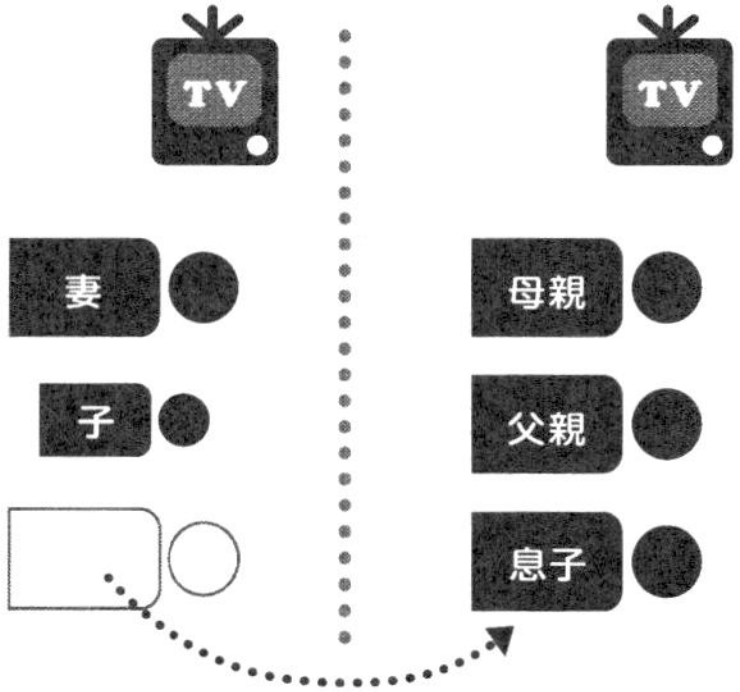

は隣の自室に引き上げることになる。

さて、その後で諸君はどのような行動を起こすのであろうか。

家族だけで団欒《だんらん》を楽しむ？

すぐに自分たちも寝てしまう？

妻（夫）や子を先に寝かせ、ホテルや宿のバーに飲みに行く？

いま、このうちどれかでも自分の考えと一致した者は、いまいちど親孝行とは何か、親孝行旅行とは何か、という根本から考え直してほしい。繰り返すが、親孝行旅行とは親を喜ばせるための奉仕プレイ、なのである。

諸君がここで取るべき行動とは、まず家族に「ちょっと一人で飲んでくる」と言い残し部屋を出る。そして、そのまま宿のバーに……もちろん、行ってはいけない。家族にはそう言いながらも、実は諸君はその後、一人でコンコンと親の部屋をノックするのだ。

このときの諸君は、親孝行クラブのホテトル嬢の役割である。

親がドアを開ける。少し驚いた顔をして「どうした？」と聞く。そこで諸君は「いや、ちょっと飲みたりなくて」などと呟《つぶや》き、親の部屋に上がり込む。

親は君が一人来てくれたことを喜ぶだろう（この、親が肉親のみを優先する感情については後述する）。諸君はそんな親に対し、親孝行クラブのホテトル嬢として、ありったけのサービスをして、親孝行ポイントを稼ぐのだ。

「ホテトル嬢プレイ」のサービス実例

具体的にどんなサービスをするのかといえば、ここは「自分の自慢話」に終始したい。自分がいかに仕事を頑張っているのか、いかに重要なことをやっているのか、いかに稼いでいるのか。

諸君は自分の自慢話などしたくないと思っているであろう。もちろんこの私だって、自分自身の口から「イベントやったらお客さんがいっぱい来た」とか「新聞に取材されて大きく載った」などと親に向かって言いたくはない。

言いたくはないが、親が喜ぶのなら言わねばならないのである。

ある程度の年齢になったとき、親がもっとも喜ぶトークとは「自分の子供はいかに頑張ってるか」なのだ。親孝行プレイは奉仕プレイ。諸君自身の恥ずかしさや照れはこの際、忘れなくてはならない。

一人で親の部屋に入っていく意味も、まさにそこにある。そんな話を諸君は妻（夫）や子供の前でしたくはないだろうし、彼らがそばにいたのでは、実際にできる自慢話も限られてしまう。両親対自分、この状況を作り出すことによってのみ、親が喜ぶ「子供自身による子供自慢プレイ」は成立するのだ。

諸君がそんな現場を作り出すことができたら、親孝行プレイはまず、父親の「最近、どうだ？」という言葉でキックオフ、となる。

参考までに、私の体験例をここに挙げておこう。

「去年はどのくらい稼いだんだ？」
「そうだなあ、もうちょっとで一億円いったんだけどなあ」
「そうか、すごいな」
「テレビによく出てるせいかな、街歩いててもきゃーきゃー言われて困ってるんだ」
「ほお、人気者なんだな」

「こないだデカイ会場でイベントをやったんだけど、お客さんいっぱい来て満員だったよ」

「すごいな。何人くらい来てくれたんだ？」

「2万人」

いま諸君の中に呆《あき》れた顔で私を見ている者が数人いるようだが、もちろん、同じ話を諸君に向かって話すのであれば、逆に私のことをきゃーきゃー言ってくれる街があるのなら教えて欲しいと言っているであろう。
この体験例を持ちだしたのは、何も諸君を笑わせたり呆れさせたりするためではない。こんな教訓を学んで欲しかったのだ。
親孝行　自分の話は　何十倍
世代も文化も違う親という人種に向かって、「収入はこれこれで、そのうち税金がこうだったから住民税がどうで」とか「これこれこういう仕事をしたおかげで、こういう人たちと知りあって」などと、本当の話をしたところでいったい何になるというのだろう。イベント会場の本当の収容人数が2000人だと教えて、いったい何の得があるというのだろう。

繰り返すがこのときの諸君は親孝行クラブのホテトル嬢である。親が喜ぶためにつく嘘は、プレイの必要事項として親孝行学会でも認定されていることである。子供、すなわち彼らにとっての孫の自慢話も、もちろん同様に行わなければならない。

「ウチの子、成績よくて優等生らしいんだ」

もし仮に娘や息子が数学のテストで0点を取ったとしても、そんな友達なら笑ってくれる話も親にはもちろん御法度である。

「マンガも好きだけど、最近は小説ばっかり読むようになった」

親の世代というのは、とにかく「本をよく読む子供はえらい」と思い込んでいるものだ。本当はマンガとアニメとゲームにしか興味がなかったとしても、親には本当のことは言ってはならない。

この「自分の自慢話」に続けて「子供の自慢話」をすることには、ひとつの大きな利点がある。「自分の子供はすごい」そして「自分の孫もすごい」ということを、諸君の口から聞くことができれば、親は言いたくてしょうがない結論を口にすることができたんだ。

「蛙の子は蛙だな」

初めての親孝行旅行で、親にこの言葉を言わせることができたら、諸君の親孝行道の未来は明るいと思っていい。

昔の親子関係をバーチャルに演出する方法

自慢話プレイを無事に終了させることができれば、諸君もようやく親孝行のなんたるかが、おぼろげながら見えてくるのではないかと思う。

では、せっかくここまでプレイをしたのだから、もう一押しして客をもっと満足させてみようではないか。

その昔、日本には「川の字」という風習があった。

昭和30年代の一人っ子家庭。布団を3つ敷いて、両親の間に子供が寝る。蚊《か》帳《や》をつって、電気を消して、テレビでやっているドラキュラ映画を見る。母親は怖くなって先に寝て、父親は息子に向かって「こういうのは男じゃないと面白くないな」

とどこか嬉《うれ》しそうに言う……。

今では失われてしまった、昭和のありふれた風景である。

我々はすでにそれにノスタルジアを感じる年代ではないが、親という世代には、ディテールに多少の差こそあれ、「川の字」は親子関係を象徴するものとして強く記憶に残っているのだ。

もちろん、諸君の年代になってそれをやれ、とは言わない。本当にやったら親は喜ぶかもしれないが、夫の帰りが遅いのを心配して様子を見にきた妻にその姿を発見されたら、相当な恥ずかしさと、その後に相当なぎくしゃくした関係を生むであろう。

そこで私は、かねてより「ご休憩プレイ」を提唱している。

実は、これは私にとっても思わぬ発見であった。

かつて、親孝行旅行のホテトル嬢プレイの最中、私は不覚にもうとうとと居眠りをしてしまったことがある。プレイ中だというのに、なんてダメなホテトル嬢なんだと自分を責めながらも、襲いかかる睡魔に勝てなかったのだ。しかしそのとき、私の母親は怒りだすどころか、嬉しそうに布団を出し、私にそっとかけていたのだ。

川の字の正しい寝方

「息子に布団をかけてやる」

意外な展開であった。

「息子に布団をかけてやる」

重要なことなので繰り返しておく。

つまり、時代的にも年代的にも川の字プレイが不可能となりつつある今、それをバーチャルに体験させる手段として、うたた寝、そして布団かけ、というプレイがあったのだ。

もちろん、そのまま本当に寝てしまって、本当の川の字プレイに突入するわけにはいかないから、私はしばらく経ってから「ちょっと寝てしまった」と呟《つぶや》き、「おやすみ」と言うと親の部屋を後にした。

しかし、それだけでも充分、親には「昔の親子関係」を疑似体験させることになったのである。

「泊まり」ではなく「ご休憩」でも充分、親は喜ぶということなのだ。

親孝行旅行に伴うリスクとは

ここまでくれば、親孝行旅行における親孝行プレイはほぼ成功したと言っても過言ではない。これまでろくに電話も寄こさなかった子供が、突然旅行に誘ってくれ、そしてここまでの親孝行ぶりを発揮してくれたら、きっと諸君の親は感涙にむせびながら、「あの子も大人になったんだな」、ひいては「昔から心の優しい子だった」という感想をもらすことであろう。

諸君も慣れないこととはいえ、他人を喜ばせることができたという充実感、そして何よりも親を幸せにしたという満足感に、今後の親孝行道の邁進《まいしん》、そして親孝行プレイのテクニックをますます磨くことを決意することと思う。

しかし、このいいことずくめのように見える親孝行旅行にも、ひとつ大きな落とし穴があることは、老婆心ながらあらかじめ警告しておきたい。

たとえば、さきほど親孝行旅行におけるホテトル嬢プレイについて述べた。自分の自慢話をしろ、話を何十倍・何百倍にして親が驚くような話をしろ、と繰り返した。

しかし、もし諸君がこの親孝行旅行の達成感にあぐらをかいて、「年に1度、一緒に旅行に行けば親孝行プレイはもう充分」などと勘違いをしてしまった場合、その翌年には、その自慢話はもっと大きいことを言わなくてはならなくなるのだ。

理解できるであろうか。すなわち、諸君にとっては長く様々なことが起きた1年であっても、1年に1度だけ会う親にとっては、去年の旅行は昨日のことのように明確に記憶している。他のことはボケが始まっていたとしても、諸君との思い出だけは鮮明に覚えているのだ。

となると、昨年「1億稼いだよ」とプレイした場合、今年になって「5000万稼いだよ」と言ってしまったら、諸君にとっては5000万も1億もどちらも変わらないプレイであるかもしれないが、親にとっては「ウチの子、収入が半分になってる。大丈夫なのか」という思考になってしまうのだ。

1億稼いだと言った翌年には2億、そのまた翌年には3億、諸君は（プレイ上とはいえ）稼がなくてはならない。それは最初から無理がある話を、より無理にしていき、そして諸君自身を親孝行プレイにおけるノイローゼへと誘ってしまう危険性がある。

親孝行旅行の行き先にしても同様である。「昨年はこれくらいのレベルのホテルに泊まってこれくらいのレベルの食事をした。なのに今年はそのランクが落ちている」と、親は冷静に毎年の親孝行旅行の比較をするようになるのだ。

親の心配にはフィニッシュはなく、いくつになっても留まることはないのである。親孝行旅行こそ親孝行プレイをもっとも発揮しやすく、またその効果も得やすいことだと私は諸君に述べた。

しかし、確かにそれは間違いはないが、一度でも親孝行旅行をしてしまったら、もう二度と諸君は親孝行道から引き返すことはできない。「昨年行ったけど、今年は忙しいから旅行はナシにしよう」などと、そんな甘い考えが通用するような世界ではないのである。

親孝行旅行に対する過度な期待を持ってもらわないためには、旅行後こそマメな電話や、とくに用事もないときの帰省といったものが重要になってくる。それによって、言わば「ガス抜き」をし、親孝行旅行は「日ごろおこなっている」親孝行の中でも特別なものであるということを、いつまでも思わせ続けなければならないのだ。
　もちろん、私の講義を聴いている諸君には当然、その覚悟はできているであろう。
それを前提としたうえで、次章に進むこととする。

第3章

親孝行プレイ2

帰省のテクニック

帰省のテクニック ——実家でのプレイ集

帰省時にこそするべき親孝行プレイ

この章では、諸君が実家に帰ったときにどのような会話・行動で親孝行プレイを実践すべきか、その実例を具体的に述べていきたい。

盆や正月に親孝行旅行に行かずとも、諸君が自分の伴侶《はんりょ》や子供を連れて自分の実家に帰省する、というのはごく普通にやっていることではないかと思う。

しかし昨今、若い世代だけでなくそれなりの年代の大人たちの間からも、このような言葉が聞こえてくることが多い。親孝行の権威として、私はそのたびに嘆かわしい気持ちになる。

「正月だからのんびりさせてもらおう」

「実家にいるときくらい、羽を伸ばそう」

その言説には、「帰省して元気な顔を見せることがいちばんの親孝行」だとする認識が根底にあるわけだが、私の講義を聴いている者ならわかるとおり、もちろんそれは間違った一般論である。

諸君たちのように、同居をしているわけでもなく、盆や正月にしか親に会わない、という者にとって、「親に会う」＝「24時間親孝行プレイ」なのだ。盆や正月に久しぶりに会ったときこそ親孝行プレイをしないで、いったいいつプレイの機会があるというのだろうか。

「今年は冷えるね。そっちは？」

実家に帰り、荷物を置いて、とりあえずのお茶をすすったあたりで、ほぼ8割の親が諸君にそう聞いてくるであろう。これをたんなる時節の挨拶《あいさつ》、間繋《つな》ぎの会話、などと思ってはいけない。これは親孝行プレイ開始のホイッスルである。

親子とはいえ、世代も違えば一緒に暮らしてもいない間柄であれば、会うなりすぐさま盛り上がれるような話題はほぼないと言っていい。諸君は相手のリアクションを探りながら、無難な話題を選びつつ、徐々に会話を盛り上げていかねばならない。

このときイメージしてほしいのは、諸君がタクシーに乗ったときの運転手との会話である。天気の話で始まったトーク。もちろんそれは5分以上続くようなテーマではない。となると、天気の話が終わるか終わらないかのところで、諸君はさっそく、次のテーマを会話の中に放り込まねばならないのだ。

「あれ、この家改築した？」

どう見てもしてなくても、とりあえず天気の話のあとはそんな球を放り込んでみるのがいいだろう。

「それは気持ちも大人になってきたから、家が小さく見えるようになったんだよ」

親がそんなことを言って目を細めて笑う、なんて展開になれば、その後の会話も滑らかに進んでいくであろう。

目についたものはすべてプレイの小道具

そんな手探りの親孝行プレイの中で、ことのほか役に立つのが「居間の飾り」である。

日本家庭の「母親」というものは、ほぼ家に自分の部屋があるわけではなく、しかしそのかわりに居間がそのプライベートスペースとなっている可能性が高い。つまり、諸君が一年ぶりに実家に帰ったとき、居間に見慣れぬ物が置いてあるとしたら、それは諸君の母親のこの一年の生活を示すサインであると同時に、「この話をして」というサインでもあるのだ。

「このヒョウタン、日光で買ったの？」

諸君たちのような若者が日光の話もヒョウタンの話も聞きたくないことくらい、私だって充分承知している。しかし、繰り返すが親孝行は奉仕プレイ。旅行話、土産物話は母親という人種のもっとも好むテーマであるから、ひとしきりその話に相槌《あいづち》を打つのも、重要なポイントと言えるだろう。

諸君くらいの年代であれば、たいていのものに関しては母親よりも情報も知識もあるであろう。いまさら母親のうんちく話を聞きたいなどとは思わなくて当然である。

しかし、もちろん親孝行プレイは奉仕プレイであるわけだから、このときの諸君は銀座の一流クラブのホステスのごとく、相手に合わせて会話を運び、大げさに相槌をうち、そしてもっともらしく感心をしてみせなくてはならない。

そんな感心プレイも初心者のころには苦痛である。つい、「それってさ」と親を上回る知識を披露してしまったり、つい欠伸《あくび》をしてしまったり、空返事をしていて母親を怒らせてしまったりするであろう。私の親孝行研究所にはそんな親コーラービギナーたちの失敗例が、毎日山のように届いている。

そこで、そんな親孝行童貞諸君に、即効的に役に立つ会話をここでひとつお教えしておきたい。

居間で母親の報告話を引きだしたら、続け様に、その視線を台所に向けてみるのだ。そこには、ふだん自分の家庭でも見たことがないような「家電」が置かれてはいないだろうか。

母親という人種は「家電」の話に意外なほど喜ぶものなのである。そしてこの話題に関してのみ、彼女らは若者よりも断然詳しいものなのだ。

実家に帰ると、注ぎ位置がスポットライトで照らされ、お湯を注ぐ位置がわかるポットが置かれてあって驚いた、などという経験は誰にでもあると思う。

もちろん、彼女らがビックカメラやさくらやのような量販店で、そういった家電品を品定めのうえ購入しているわけではない。たいていの場合、近所の電器屋に電球を買いに行ったとき、とびきりの新製品を売りつけられてくるわけである。ビデオやパソコンの知識はもちろん諸君たちの足元にも及ばない彼女らだが、ポットや冷蔵庫などに関しては、諸君たちよりもよっぽど最先端をいっているのだ。

諸君がその家電を自分でも購入しようと本当に思う必要はない。ただ、そこで一言、「すごいなあ」「ウチも買おうかなあ」くらいの台詞《せりふ》を感嘆詞まじりに呟《つぶや》けば、母親の「私もけっこうハイテクは知ってるのよ」という自尊心をこれ以上ないくらいくすぐることは間違いない。

居間の飾りと台所の家電。

帰省して実家に上がった瞬間、この2点はその後のトークのためにすかさずチェックする習慣を持つようにしていただきたい。

母親の心を微妙にくすぐる方法

親に対するお世辞というのは難しい。熟練した親コーラーでもなかなかダイレクトにはぶつけることはできないものである。

想像してみてほしい。家電や土産物を介さずに、諸君は親に直接、親を褒めるような言葉を投げかけることができるであろうか？

それは恥ずかしい、照れる、という感情ももちろん障害となってはいるだろうが、まずその前に、親は何を褒められると喜ぶのかがわからない、という問題がある。

そして次に、諸君と親の世代では圧倒的に語彙《ごい》の差があるから、諸君が友達に言われて喜ぶような褒め言葉は、そのままでは通用しない、という問題もある。つまりこの2つの大きな壁の前で、親に対するお世辞を諸君はなかなか発することができないのである。

「母さんって、いい意味で馬鹿だなあ」

おそらくそんなことを言われても諸君の母親はいい気持ちはしないであろう。

「そのエキセントリック具合、かなりヤバイ」

こうなると母親は諸君が何を言っているのかがまずわからない。

そんな親孝行童貞の諸君に、先日ついに朗報がもたらされた。あの世代の母親という人種が、ほぼ間違いなく頬をゆるめて喜んでしまう決定的なフレーズが開発されたのだ。特別にお教えしよう。

「けっこう、読書家だったんだね」

ある世代以上にとって、とくに女性にとって、いや「母親」という存在にとっては、「本をたくさん読んでいる人＝えらい」という方程式が成り立っているのである。つまり、そんな彼女らに対する「いっぱい本を読んでるね」は、すなわち「インテリだね」と同義語なのである。

だいたいどこの家でも応接間や居間には多少の本が置いてあるであろう。会話が途切れそうになったらそこへ目を向けていただきたい。そして、「お？」という顔を一度作ってからつかつかと歩み寄り、本の背表紙に目をやるのだ。

この親孝行プレイは、母親の自尊心を相当にくすぐる効果がある。

ただし、このプレイにももちろん注意点がある。それは「実際に本を手に取らない」ことである。

諸君も感心してみせるためには、それなりに重みのある本を見つける必要がある。そこにあるのがDr.コパや細木数子の本であれば、諸君の感心プレイも気持ちが込められないし、母親としても「あ、それはお隣さんにもらった本なの」などと苦しい言い訳をしなくてはならない。

となると文学書の類が相応《ふさわ》しいチョイスということになるのだが、かなりの確率で諸君の母親はその本を「読んでいない」。本当の意味で、居間の飾りでしかなかったりするのだ。

かくいう私も若かりしころ、このプレイの最中に思わず実家の居間にあった『チボー家の人々』を手に取ってしまったことがあった。「こんなの読んでるんだ、すごいね」と感心プレイまでは順調だったのだが、いざその本を開いてみると、今まで一度として開いたことがなかったであろうバリバリとした本特有の効果音が居間にこだましてしまった。その後の沈黙は推して知るべし、であろう。

この私の貴重な失敗例を肝に銘じて、諸君には読書家プレイに臨んでいただきたいものである。

母親に「仲間意識」を持たせるためには

昨今、「友達のような親子」という言葉をよく聞く。

これは一見、親孝行プレイに則した関係のように思える。親と一緒に買物に行き、親と服の貸し借りをし、親と一緒に音楽を聴き、親に恋愛相談をし、と「友達のような親子」は一見、新しい親子像、新しい親孝行像を築いているように見えるかもしれない。

しかし、私の親孝行学の見地から言えば、これは誤った関係である。しかも問題なのは親の方だ。子供と友達気分でいようとする、子供にすりよろうとする親の側に問題がある。

どれだけそれを自然にしているように見せようとも、無理があるものは無理があるのだ。親と子供の間には世代的、文化的なだけではなく、確実に人種的な壁がある。人種差別は悪しきことだが、人種区別は当然存在する。それを無視してできあがった「友達のような親子」は、あくまで「ような」ものであって、厳然としてある「親子関係」とは相いれない。

「友達のような親子」は、親の側が親子関係の諸々を端折《はしよ》って築き上げた、砂上の楼閣のようなものなのである。

私が提唱する親孝行とは、子供の側から、その厳然としてある面倒な「親子関係」をきちんと認め、そのうえで親に奉仕プレイをしようというものである。そこには、見せかけの仲の良さなどは必要ない。

よって、親孝行プレイとは、敬語を使って行う必要はないが、あくまでも相手は親孝行クラブの客、諸君は従業員、という自覚を忘れてはならないのだ。

しかしながら、以上の話を踏まえたうえでの、諸君と母親がざっくばらんに会話で盛り上がるテクニックはあることにはある。

「あの伯母《おば》さん、相変わらず？」

これがそのプレイの第一声なのだが、これだけでその真意がつかめた者は、親コーラーの素質は充分にあると太鼓判を押しておこう。

説明をしておくと、このプレイには壮大な前準備が必要である。つまり、「親戚《しんせき》の中で嫌われ者を一人設定しておく」ということなのだ。諸君が幼いころなら、親は子供の前では他人の、ましてや親族の悪口など言うこともないであろう。しかし、ここが肝心なのだが、母親は世間から見れば「おばちゃん」。世間話、噂話好きなおばちゃんでもあるのだ。もちろん、そんなおばちゃんにとって、親戚の中でソリの合わない人の一人や二人がいて当然だし、その話が盛り上がれる相手を探して日々うずうずしているのも想像に難くない。

このプレイは、その母親とゴシップ好きのおばちゃんの中間を狙う、イチローの二塁打のような技ありのテクニックなのだ。

「まあ、あの人にもいろいろあるんだろうけど、こないだはちょっとねえ」

母親のスタンスは変えずに、でも言ってることは嬉《うれ》しくてしょうがない他人の悪口を、諸君が頷《うなず》きながら聞いてくれる。これは、母親にとっても、自分の子供がそういう話を理解してくれるほど大人になった、という嬉しさと同時に、自分の井戸端会議おばちゃんとしての欲求を充足できる、一挙両得のプレイなのである。

孫の祖父母孝行を万全にするために

「孫」に関する研究成果は後ほど1章をついやして述べるが、ここでは「帰省時における孫」について、簡単に触れておきたい。

話をわかりやすくするために、男子諸君が妻と子供1人を連れて実家に帰ったとき、というサンプルで話を進めるが、もちろん、各自の家庭環境などに置き換えて以下の講義は理解していただきたい。

帰省中　スキヤキ囲んで　一家団欒《だんらん》

いにしえよりそう伝えられているように、息子家族がやって来たら、そのもてなしはスキヤキ、と決まっている。

　さて、親孝行道に入ったばかりの諸君は、このスキヤキタイムに充分なプレイを行うことが可能であろうか？

　厳しいことを言うつもりはないが、まずそれは不可能であろう。天気、家、居間、家電と繋《つな》いできた親孝行トーク。多少の心得があるものであれば、このスキヤキタイムの直前に、スキヤキタイムをそのワンテーマで保《も》たせることができるような会話を開始するところだが、親コーラービギナーの諸君の場合、このスキヤキタイムがトークの切れ目になってしまう可能性がひじょうに大きい。

　残念ながらこの状態における親孝行トークの特効薬はまだ開発されていない。いくら私が親孝行学の権威であるからといって、万人がこのシチュエーションを克服する手段までは残念ながら発見していないのだ。ふとつけた正月の騒がしいテレビ番組、そこでひときわ際立つ落語家・桂ざこばの声に打ち勝つトークは、私自身の今後の研究課題でもある。

しかし、そんな状況で最悪の事態を回避する方法だけはわかっている。今回はそのポイントだけをお教えしておこう。

それは、「子供はテレビにいちばん近い席に座らせる」である。

この画期的な発明は、とりあえず桂ざこばに一家団欒のすべてをさらわれる危険だけは回避できるのである。

詳しく説明しよう。

会話が消えた食卓。スキヤキのぐつぐつ煮立つ音だけが響く居間で、無言で箸《はし》を動かす祖父母、息子夫婦、そして孫。この気まずい空気にまず耐えられなくなるのは諸君の子供、つまり諸君の親の孫である。小さい体にその雰囲気は重圧以外の何物でもないのであろう。無言時間が3分経過したところで、その救いをテレビに求め、ついリモコンのスイッチを入れてしまう。

そこで聞こえてくる桂ざこばの声。

しかも、大方の家庭は上座の位置にテレビが置かれ、そこから近い順に、父親と諸君、次に母親と諸君の妻、そして最後に子供が着席している。

食卓でスキヤキを囲むときの正しい席順

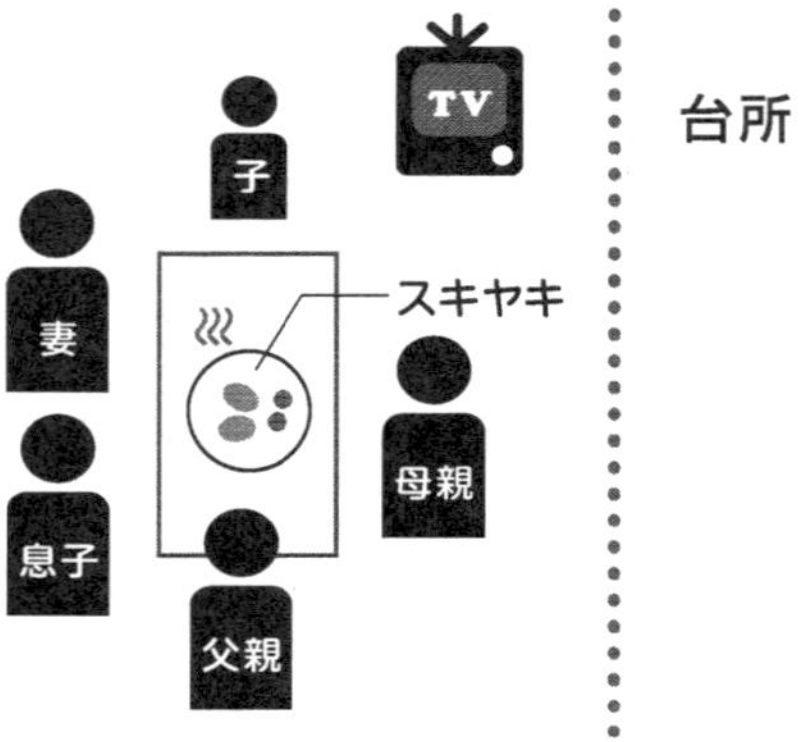

すなわち、子供はテレビからいちばん離れた席に座っているのである。この着席順がもたらす悲劇は、もう察しがつくであろう。そう、子供がつけたテレビの音量は、とても大きいのである。

大音量の桂ざこば。

どんなに熟練した親コーラーでも、その状況下で親孝行プレイを敢行するのは至難の業である。全員の視線と耳はテレビにのみ傾き、プレイどころか普通の会話すらない無味乾燥なスキヤキタイムとなってしまうであろう。

私が、子供はテレビにいちばん近い席に、と力説する理由がおわかりいただけただろうか。

親孝行学とはまったく違う領域で、テレビを近くで見すぎると子供は泡を吹く、などという臨床結果が最近得られたようだが、親孝行学の見地から言えば、泡を吹いても親孝行、テレビのボリュームを下げるためなら、そのくらいの犠牲は払わなければならないのである。

親孝行界における2大病理とは

前項の「孫」問題において、現在、我々親孝行研究家たちがもっとも頭を痛めている問題がある。それはドラマ『渡る世間は鬼ばかり』と、大泉逸郎のヒット曲『孫』である。

前者は御存じの方も多いであろう。TBS系の橋田壽賀子ドラマである。この番組で親孝行少年ぶりを遺憾なく発揮しているえなりかずきについては、前に述べた。我々はえなりから学ぶことは多く、エナリストとして手本にするべき点も多く持ってはいるが、親孝行を受ける側、つまり諸君の親側にしてみるとこれは歪《ゆが》んだ親子関係を刷り込みされているとしかいいようがない。

あの番組のえなりを見た世の親連中、祖父母連中はほぼこんなことを思う。

「まだこんな昔ながらの親孝行息子がいるのね」

いるわけがないじゃんと笑っている諸君。その油断が命取りになる。我々にとってはSFのような絵空事でも、親たちにとっては「実は私の息子も」「実は私の孫も」と、妙な期待を持たせてしまうくらい、リアルな親孝行息子像なのである。

古い例で恐縮だが、『積木くずし』や『不良少女と呼ばれて』といったドラマばかりが放映されていれば、親や祖父母たちは素直に「ああ、ウチの子（孫）はこれに比べればまだマシだわ」と思うであろう。

親側の期待、という意味から言えば、えなりほど大きなお世話な存在はいないのである。

大泉逸郎の『孫』もまったく同様の意味で実に罪深い。

あれは日本中の祖父母たちに「孫は可愛いものだ」ということを植え付けてしまったのである。まさか、あの歌を好きな祖父母たちは、自分の孫に久しぶりに会ってみたらロクに挨拶《あいさつ》もせず、マンガを読みふけっていたりゲームをやり続けているだけだとは、思いもしないであろう。

この理想と現実の落差は、親孝行界全体に深刻なダメージを与えているのだ。

『渡る世間は鬼ばかり』も『孫』も、この世が親孝行を必要としている時代だったからこそ大ヒットを記録したわけだが、そこに共感するのは親・祖父母サイドのみ、という実に時代錯誤な代物なのである。

親孝行学会は「親孝行に悪影響を与える」として、正式に『渡る世間は鬼ばかり』の放映中止、『孫』の発売中止を求める構えではいるが、もしそれが果たされない場合は、こちらからの現状を踏まえた修正案を汲《く》むよう再度働きかける所存である。

すなわち、『渡る世間は鬼ばかり』のえなりかずきは、実は学校ではものすごく陰湿なイジメっ子グループのリーダーであるという設定に変更させること、『孫』の出だしを「♪どうしてそんなにマンガを読んじゃうの〜ウチの孫〜」に変更させること、である。

この我々の闘争が決着を見るその日まで、諸君は自己防衛策として、『渡る世間は鬼ばかり』の放映時間に合わせて毎週一度長電話をするなど、害悪番組を親の目に触れさせぬよう努力をしていただきたい。

上級者向けの最終テクニック

これは親コーラービギナーの諸君には、教えないほうがいいことかもしれないが、親孝行学をほぼ究めつつある私が、いまどういうプレイに着目しているかを話しておきたい。もちろん、諸君にはまだ早すぎるうえに、ひじょうにリスクを伴う最上級者向けテクニックなので、この項目に関してはまだ実践はしないでいただきたい。

私は近々、犯罪を犯すかもしれない。

突然何を物騒なことを、と諸君は驚くであろう。しかし、母親と息子、という関係に絞って考えてみたとき、大人になってからもっとも効果的な出会い方、心の通わせ方というのは、よくテレビドラマなどで見かける「金網越しの対面」以上のものはないのではないかと思うのである。

誤解を恐れずに言うが、犯罪とは社会的にはいけないことだとしても、親にしてみればこれ以上、いつのまにか失ってそれきりになってしまった「母と息子」の感触を取り戻すのに最適な手段はないのである。

ワイドショーで報じられる事件などを思い出していただきたい。どんな凶悪事件でも、どんな有名人が犯した犯罪でも、大人が犯した犯罪だというのにたいていの場合、母親が謝罪のために出てくる。

このときの母親の心理メカニズムはおそらく、母ならば自分の息子が生まれた瞬間に誰もが思う「世界中を敵に回してもこの子は私が守ってみせる」という強烈すぎる母性を、数十年ぶりに思い出した結果のものであろう。「世の皆様に申し訳が立たない。でも私だけはあなたの味方よ」という感情だ。

犯罪を犯した者は、プライドも社会的地位もその家庭も、すべてが一瞬にして白紙に戻される。そんな、ふだん親子関係の障害となっているものがなくなった状況を把握したうえで差しだされる母親の手。息子としてもそうなれば、「いまオレが頼れるのは母親だけだ」という感情が自然とわきあがるであろう。犯罪こそが最後の親孝行なのである。

私がこの説を発見したのは、私自身の体験に基づいている。

ずいぶん昔のことになるが、学生だった私は映画館の前に飾ってあったゴジラ人形を盗んだことがあった。その後、事件にもならずに月日は流れたが、私は良心の呵責《かしやく》にたえかねてその罪を世間一般に告白したのである。

そのとき私の母はこう言ったのである。

「泥棒扱いされた」

実際に私は泥棒をしたのだが、母は頑《かたく》なにそれを認めようとしなかった。挙げ句の果てにはこう言ったのだ。

「違う。あんたはいい子。でも、そんなことを言ってくれるのは私だけよ」

このとき、私は母と息子のみに発生する、世の常識や倫理をはるかにこえた「見方」に気づき始めたのである。思えばそれが親孝行道の始まりであったかもしれない。そして、親孝行学の権威となったいま、私はついにこの結論を導きだしたのだ。犯罪こそが最後の親孝行なのである、と。

さすがに、この説を発見してしまったときには私も動揺した。親孝行のためなら親を泣かすこともいとわない私である。親孝行ステージをより上げるために、これはなんとか実行に移さなければ、今度こそ本当の犯罪を犯さねばならないとも一度は決意した。

しかし、私にはまだやらねばならないことがある。諸君を始め、現代日本で親孝行に苦しむすべての人々を救うという使命がある。

私は断腸の思いでこのプレイを諦《あきら》めた。その分、諸君に立派に親コーラーとして私の下から巣立っていただくことに全力を傾けているのである。

蛇足ながら現在、私の研究所では実際に犯罪を犯さなくても、家庭で気軽に刑務所気分が味わえる「居間と台所を仕切る金網」を開発中であることをつけ加えておこう。

第4章

親孝行プレイ3

妻活用法

妻活用法　——親孝行プレイのもろ刃の剣

母親と妻の本当の関係

この章では、諸君が親孝行プレイをする際に、諸君の妻にどのような共同プレイをさせるべきか、ということを説明していきたい。女性の場合は男女を入れ換えて参照していただきたい。

本題に入る前に、まずは諸君の母親と妻の関係、これをはっきりと認識しておいていただきたい。諸君の母親は義理の娘、つまり諸君の妻をどういう位置づけで捉《とら》えているのであろうか。

結論から先に言えば「最愛の人を愛人にくれてやった」という表現が、もっとも相応《ふさわ》しいであろう。

母親はいつまでも恋人なのである。

私のこの言葉にいま、目から鱗《うろこ》が落ちた者は多いことであろう。諸君と諸君の母親の、なんとも説明がつかない関係性。親子というだけで世の常識では通用しないことも平気でまかりとおっていた事柄。しかし、それが「母親にとって、息子は一生の恋人」だと思えば、すべての事象に説明がつくのではないだろうか。

すなわち、息子が結婚をしたところで母親にとってそれは「愛人にくれてやった」でしかないのだ。姑《しゅうとめ》と嫁がどれだけ仲が良かろうが、どれだけざっくばらんに会話ができる関係になっていようが、根底にはこういった一種の敵対関係があることは忘れてはならない。

お母さん　そう呼ぶあんたは　娘じゃない

だからこそ、妻はいつまでも義母との間に一線を引くべきだし、間違っても「本当の娘」のように振る舞ってはならない。「もう同じ家族なんだから遠慮なんかしなくていいのよ」という義母の言葉を真に受けてはいけないのだ。

しかし、たいていの「妻」はこのようには考えてはいない。妻というのは下手をすると、義父と義母と夫と自分、全員が平等に幸せになろうと思いがちである。しかし、本当に必要なのは全員の幸せの追求ではなく、自分が「愛人」レベルであることの自覚なのだ。

すなわち、「愛人」の親孝行プレイにおける姿勢とはどういうものかといえば、これはもう「徹底的に夫にかしずく」「夫をとにかく褒める」である。もちろん、義理の親を褒めることも大事ではあるが、前述したように親は自分の子供の自慢をもっとも好物とする種族であるのだから、夫を立てる妻を演じきらなければならないのだ。

しかし、この親孝行プレイはひじょうに難易度が高い。プレイ自体が、ではなく、このプレイに持ち込むまでが、たいへんな苦労と労力を必要とするのだ。

以下、その点を考察していきたい。

自分の実家における妻の役割

これは男女比較学の分野にまで及ぶ深いテーマでもあるのだが、なぜ女性は演技というものをしようとしないのであろうか。

前項で、妻は夫のことをとにかく褒めるべきだと述べた。

しかし、これをきっちりとやってのける女性というのはひじょうに少ない。いざ褒めようとしても、「まあ頑張ってるみたいですよ」といった曖昧《あいまい》な言い方をしてしまう。

確かに、ふだん家にいるときには、夫のことを馬鹿にしたり、つっこんだり、会話も対等に行っているのに、夫の親の前でいきなりキャラクターを変えろ、というのも横暴な話かもしれない。

しかし、親孝行プレイのためならどんなに横暴であろうが、やらねばならないのである。

中途半端に「頑張ってるみたいですよ」と義理の娘に言われたときの母親の心境はどのようなものであろうか。「そう」と笑顔を向けながらも、母親はこう思っているはずだ。

「ウチの子はものすごく頑張ってると思ったのに」

「この嫁は夫を馬鹿にしてるのか」

親孝行旅行のときにも詳述したが、親は子供がいかに頑張っているのかを、とにかくスケール大きく聞きたいのである。旅行時におけるホテトル嬢プレイのような状況を作り出せば、それは諸君自身の口から聞くこともできるが、まさか諸君も妻や子の前で「オレ、すごく頑張ってるよ！」とは言えないであろう。

この段階で、逃げ道を発見してそちらに安易に流れる者が多いので、その点については先に釘《くぎ》をさしておこう。

それは、親の前でも家族と一緒にいるときと同じような姿をみせ、夫婦円満ぶりを親に見せて喜ばせようという考え方である。

「オレ、今年は一億稼いじゃってさ」

「ちょっと、あんた何大きいこと言ってんのよ」

「悪い悪い、ちょっと調子に乗っちゃったよ」

一同爆笑。夫、妻につっこまれてカカア天下ぶりをアピール。その様子を見ていた夫の親、仲の良さに目を細めて笑う。

こういった光景はよく見かけるし、諸君も下手をするとこのパターンに逃げ込んでしまうかもしれない。

しかし、断言するがこれは親孝行プレイではない。レベルが低いだけではなく、親の喜ぶことを奉仕プレイで実行するという私の親孝行学にも反した蛮行である。

ここまで私の講義を聴いている諸君ならばわかるであろう。このような状況下においで、諸君たちは最終的に親にこう言わせなければならないのだ。

「あんたはすごい。さすがウチの子だ」

母親がそう口にしたとき、初めて親孝行プレイは完成されるのだ。母親としては亭主関白している息子と、それにかしずく嫁を見たいのである。

「おまえの言うこと聞いて、いい嫁だな」

そのとき初めて嫁を褒めるのだ。

「おまえはきつい言い方するなあ。でも黙って言うこと聞く嫁で良かったな」

もちろん、実際の家庭ではどれだけカカア天下でも、どれだけ尻《しり》に敷かれていようがそれはかまわない。しかし、夫の実家では第三者から見てどれだけ異常でもその家のルールに従うべきであり、ルールブックである母親の意思が絶対なのだ。そこに「嫁」という他人が口出しなどするのはもってのほかなのである。

夫の実家では「殿様プレイ」、これが基本である。

妻の実家では「お姫様プレイ」

この「実家では殿様プレイ」というのは、もちろん逆の場合もまた然りである。諸君が妻の実家に行った場合、今度は徹底的に「お姫様プレイ」、すなわち妻のことを褒めちぎらなくてはならない。

自分の妻を指して、その親の前で堂々と「いつまでも若いでしょう」「出会ったころとちっとも変わらないですよ」くらいのことを言うのは、もう礼儀としてあたりまえのことだと思ってもらいたい。そして、そこからスライドして、義母を褒めることも忘れてはならない。

「やっぱりお義母さん美人だもん。そりゃ彼女も美人のはずですよ」

きっと、諸君のその言葉に家族中が笑い、「またまたそんなこと言って」「お上手なんだから」などと言いながらも、義母は満面に笑みを浮かべているであろう。

前項で、夫の実家には、自分の家庭における夫婦関係を持ち込んではならない、と述べたが、もちろん妻の実家においてもそれは同様である。

たとえばためしに、いつも家でしているように、「おまえのそういうところ、ダメだぞ」と妻に説教してみるといい。

諸君の中には、妻にその親の前で説教すれば、「旦那さんがしっかりしてて嬉《うれ》しいわ。ウチの娘、どんどん叱ってやってちょうだい」と思ってくれると勘違いをしている者もいるのではないだろうか。

もちろん、それは大間違いである。義理の親はよくても「自分の育て方が間違ってたかしら」と思うくらいで、普通は、表には出さないにしても「他人がウチの娘に説教なんかするんじゃない」と怒るはずである。

妻の実家ではお姫様プレイ。これを肝に銘じて、妻を、そして義母をホスト気分でどんどん褒めていただきたいものである。

親孝行に「正しいこと」はいらない

諸君が妻の実家でお姫様プレイをすることに関しては、実は私はあまり心配はしていない。なぜかといえば、男性の方がそういった「不自然な演技」「歯の浮くようなお世辞」に慣れているからだ。そして何より、友人との会話でも飲んだ席での会話でも、男というものは「場を盛り上げよう」という気持ちが大きく働くものである。

しかし女性というのは妙に「自然体」である。不自然な演技もしないし、嘘をついてまで相手を気分良くさせようともしないし、もちろん場を盛り上げなければという気持ちもほとんど持っていないと言っていい。

これは女性差別をしているのではない。それどころか、私はそういう「自然体」で生きていける女性を崇拝すらしている。

ところが残念なことに、親孝行プレイというのはもうそれ自体が「不自然」なものなのである。私が提唱しているように、心から始まる親孝行にはすでに無理が出てきている。心はともかくまずは行動を起こすべし、というのが現代の親孝行のスタイルである。

たとえば諸君もこんな現場に居合わせたことはないだろうか。

諸君に子供が生まれたとする。誰がどう見ても諸君にそっくりだったとしよう。

しかし、もちろん妻の親にしてみれば、自分の娘に、ひいては自分たちに少しでも孫は似ていてほしいと思うものである。そこで諸君はプレイとしてこんなことを言う。

「笑ったときなんか、本当に母親にそっくりですよ」

適当な発見だが、諸君のその言葉に、義理の親はほっとしたように笑い「そうかもしれないわね」と孫を見る目がより優しくなるであろう。

しかし、そんな諸君のプレイを一瞬にして台無しにしてしまうのは、やはり諸君の妻なのである。せっかくそこまでこぎつけた場面で、諸君の妻は冷静に本当のことを言う。

「あなたにそっくりよ。私に似てるところなんて、全然ないじゃない」

女性というのは本当のことを言うものなのだ。そして、それは面白くないことでもある。親孝行学においては「正しい」という文字に「おもしろくない」とふりがなをふる慣習があるのだが、親孝行において正しいことはつまらない。ひいては、正しいことは必要がないのである。親が喜ぶためであれば、それはどんな事実よりも大事なのだ。

たとえば前述した親孝行旅行などでも、諸君の妻は旅行後に「のびのびできたわね」などと言うし、実際にのびのびしていたりする。諸君の親に対して失礼なことをしたわけではないが、同時に過剰なサービスをしたわけでもない。つまりプラスマイナスゼロ、自然体で楽しんでいるわけである。

繰り返そう。親孝行プレイは不自然体で行うものである。諸君の妻は本当ならば「お義母さん若い〜」「今度、鎌倉彫り教えてくださいね」「お肌すごくきれい。化粧品、何使ってるんですか？」などと、心にもないことであろうが言わねばならないのだ。

しかし、諸君が妻にいきなりそれをやれとは言いづらいであろうし、仮に言えたとしても素直に頷《うなず》いてはくれないであろう。挙げ句の果てには、こんなことさえ言うかもしれない。

「無理してやった親孝行なんか、親も喜ばない」

女性の大半が親孝行プレイに向かないのは、そういう論理展開になってしまうからでもある。

この憂慮すべき「妻」の問題は、いったいどうすればクリアできるのであろうか。

親孝行プレイに認められる公費

生物として「嘘をついてでもサービス」という本能がインプットされていない女性に親孝行プレイを無理強いすると、今度は諸君の家庭自体が崩壊してしまう危険性がある。

そこで、親孝行学会ではこの問題に対し、親孝行における公費を特別に認めることとなった。諸君も心置きなく、以下の方法を利用していただきたい。

「妻にはギャラを2万円」

親孝行ギャラ、である。親孝行旅行、諸君の実家への帰省時などには、あらかじめこれを妻に支払い、そのギャラ分の働きをしてもらうのである。

「すごいんですよ、この人」

「私なんて、もう主人に及ばず……」

親孝行ギャラを支払えば、さすがに諸君の妻もこのくらいのプレイはするであろう。そして、そのくらいの言葉が出れば、諸君の母親も満面に笑みを浮かべながら

「もう、そこまで言わなくてもいいわよ」と言うであろう。

そこまでの上級プレイに達することができなかったとしても、少なくとも「手伝ってくれないから家事が忙しいんです」などという、義母が聞いても少しも嬉しくない話をすることはないだろうし、「この人、いつも帰りが遅いんですよ」といった、友達にでも愚痴ればいいことも、口を慎むようにはなるであろう。

本来ならば夫婦なのだからその程度のことは普通にやってもらいたい。

諸君は皆、そう思うであろう。しかし、そのような甘い考えで臨んだ親孝行プレイが、後に惨劇の舞台となった例を私は数多く知っている。そうなる前に、保険の意味も込めて、今後は親と妻が対面する場面では必ず、事前に親孝行ギャラの支払いを習慣づけるのが無難であろう。

ちなみにこの「2万円」という金額は、様々な討議が為された末に、「足してコートでも」という額がいちばん妥当であるという結論から導きだされていることを、最後に付け加えておこう。

第5章

親孝行プレイ4

孫活用法

孫活用法

――子供に祖父母孝行させるには

「孫を見せれば喜ぶ」は間違い

世にまかりとおっている言説で、明らかに間違いであるものがある。「孫を見せるのがいちばんの親孝行だ」という考え方だ。

確かに、祖父母にとって孫とは格別に可愛いものであろうし、孫を連れて帰ればもちろん喜ぶであろう。しかし、親孝行の見地から言えば、それは「いちばん」のことなどでは決してないのだ。

なぜ私がそこまで言い切るのか、不思議に思う者もいるであろう。

しかし、それはあたりまえなのである。なぜなら、諸君が何歳になろうが、「孫よりも、自分の子供の方が可愛い」と親は皆、思っているのだ。諸君はまだ首をひねるだろうか。自分から巣立って、とっくに社会的にも大人になってしまった子供よりも、まだ生まれたばかりで可愛らしく素直な孫に会えた方が喜ぶのでは、と思うであろうか。

そう考えてしまう諸君は、たいへん重要なことを見逃している。孫よりも子供の方が可愛い理由は、厳然とした事実としてあるのだ。お教えしよう。

「孫にはすでに他人の血が入っている」

孫にはすでに諸君の妻、すなわち他人の血が混入しており、純粋な肉親ではないのである。

祖父母という種族が、孫が父親似か母親似かをどうしてあれほど気にするのか、その理由もここにある。彼らはどれだけ自分の血が濃く出ているのか、何パーセントが我が家のものなのか、を注視しているのである。要は「孫は私の子供にそっくり」ということだけを言いたいのだ。

だから当然、諸君が子供を連れて親に会う場合、どちら側の親に会うかによって、その「似てる」プレイは、内容を変えていかなくてはならない。

こんな例もある。小さいころは誰が見ても夫にそっくりであった息子。そして案の定、妻の親はどこか悔しそうにしていたものである。彼はそこで、義理の親に向かって必死にプレイしたという。「ほら、この目がパッチリしたところなんか、完全に母親似ですよ」。姿形で言うことがなくなったら、「いやあ、言うことがもう母親そっくりで」。とにかく妻の血もちゃんと子供に出ていますよ、ということを懸命にアピールしたのである。

彼はこれを早期に「やるべきだった」と後悔したのだが、子供がある程度の年齢になったら、自分から言わせてみればよかったとも言っている。「私、やっぱりお母さんの子だなあって思うよ」などと孫自身が言えば、妻の親もさぞかし喜んだであろうということだ。

そのころは親孝行プレイにおける公費の使用が認められていなかったが、いまでは子供にそういったプレイをさせるとき、前払いのギャラ2000円、というのが認められているので、諸君にはぜひ実行していただきたいものである。

かように、孫見せプレイは、イコールで血筋プレイであることを肝に銘じておかねばならない。

間違っても妻の親に会うとき、諸君が子供のころ、父親に抱かれている写真などを差しだし、「ね、今のオレたちと同じでしょ」などと言ってはいけない。それがどれだけ似ていたとしても、親孝行プレイには本当のことなど必要はない。それは「オマエんとこの血はちっとも入ってないぞ」「精子勝ち！　卵子負け！」と喧嘩《けんか》を売るような、愚かな行為なのである。

息子と娘のプレイの差

前章で、「自然体と不自然体」というキーワードとともに、女性は男性に比べて親コーラーの資質が乏しいという意味のことを書いた。これは実は大人に限った話ではなく、子供でも同様なのである。娘という生き物は息子という生き物に比べて、やはり親孝行プレイがいまひとつ未熟である。どれだけ若くても女であるかぎり、やはり「自然体」なのだ。

男子諸君は自分が幼いころ、祖父母や親戚《しんせき》にお年玉をもらったときなど、必要以上に大喜びをした経験があると思う。「わーい、これで欲しかったあの本が買える！」「見て見て、もらったお年玉でこれ買っていい？」などと、小遣いをくれた大人が「そうかそうか、良かったな」と言うまで、無邪気なお年玉プレイをしたことであろう。

しかし、女性は幼いころから実にあっさりとしている。お年玉をもらった瞬間はにっこり笑って「ありがとう」と言うが、次の瞬間には別の会話をしていたり、マンガを読み始めたり、テレビを見ていたりする。そこから会話を展開させよう、相手の気分を良くしてやろうという発想自体がないのだ。お年玉もお小遣いもギャラである。祖父母や大人を喜ばせるプレイのための、チケット代のようなものなのだ。いかにそれが子供とはいえ、収入に見合ったプレイはきちんとさせることこそ、親としての諸君の務めであろう。

息子であればかなりの確率で、吉本新喜劇のように長く、起承転結でオチがつくプレイをするであろう。しかし、娘というものはほとんどがショートコントである。吉本のような舞台は、どんなに過激な内容の漫才であっても、漫才師は最後にキチンと頭を下げている、というところに美点があったりするものだ。祖父母がギャラを払って期待する芸というのはそういうものである。ところが、女性＋現代人である「娘」は、ショートコントをひとつ終えれば、そのまま頭も下げずに舞台袖に引っ込んでしまう。

これは親孝行学の権威である私としては見過ごせない事態である。

子供に何を教えるべきなのか

一般的な「親の教育」というものにそぐわないことは充分承知しているが、親孝行学の見地から言えば、こういった事態はまず「お金の価値」について教えることから始めるべきだと私は考える。

教育学的にはおそらく、「ちゃんとおじいちゃんおばあちゃんを大切にしましょう」といったところから始まるのだと思う。しかし、もはやそんなことを言っても始まらない時代であることは認めなければならない。そこから教育を始めたところで、おそらくいつまでもショートコントの繰り返しになるだけであろう。

親孝行学を学ぶ諸君は子供に対して、まず祖父母にもらった1万円はどれだけすごいのか、を教えた方が、子供にとってはよりリアルな問題として会得していけるであろう。

そのノウハウをお教えしよう。

「お父さん、仕事がうまくいっていないんだ。ウチのお金もどんどんなくなってきてる。このままだと、おまえの好きなマンガも買ってやれなくなるかもしれない」

教育トークは先制パンチが重要である。まずはこれくらいインパクトのあるところから話を始めるのだ。諸君の子供はびっくりしたように、諸君の次の言葉を待つであろう。

「ところでおまえ、『こち亀』好きだよな。1万円あると何巻買える？」

子供に対しては、1万円はすごいんだぞと漠然と教えるよりも、その1万円で何が買えるのか、子供の好きなものに自分で置き換えさせるのが有効である。ふだん算数のテストもロクにできない子供でも、こういった計算は瞬時に行うであろう。子供が何十冊買えるか返事をしたところで、今度はこう言ってみるのだ。

「今のウチの生活だと、2巻くらいしか買えないなあ」

諸君の子供はショックのあまり、言葉を失うであろう。そこですかさず、この話の結論へと進むのである。

「おじいちゃんおばあちゃんがくれた1万円って、すごいなあ」

ざっとこのような展開である。ポイントは「祖父母の大切さを教える」のではなく、「祖父母のくれるギャラがいかにすごいかを教える」のである。子供は自分の好きなものに置き換えたときに、ようやくそのありがたさがわかるのだ。

それがわかれば、もうショートコントだけで終わることはないだろう。いかに自分に高いギャラが支払われたか、それを理解したところからようやく、彼らにとっての祖父母孝行プレイは始まるのである。

名子役を育てるために

現在、私の親孝行研究所では「親孝行塾」の設立を急いでいる。里帰りをする前に、いかに祖父母孝行すべきかを子供たちに教える塾である。そこには、老年の男女の役者が2人いて、彼らに祖父母の役を演じてもらう。子供たちは、彼らを相手に祖父母孝行プレイを練習、ときには塾長である私が「そんなおじいちゃん孝行じゃダメだ！　やり直し！」の怒声とともに、灰皿を投げ付けることもあるかもしれない。

祖父母孝行は親孝行と同様、いかに相手を喜ばせることができるかを言葉と行動で表すプレイである。子供を祖父母孝行プレイの名子役に育て上げなければならないのだ。

よく「ホントはこの子は心では思ってるんですよ」などと言い訳をする親を見かけるが、これはまったく意味がない。逆にどれだけいいことを思っていても、言葉や行動に表さなければそれはマイナスである。「ウチの子は照れ屋なんです」そう反論してくる親もいるであろう。しかし、ならば「照れている」ということが誰にでもわかるようなプレイをしなくてはだめなのだ。本当に真っ赤になってモジモジしたら、ギャラを差しだした方もにこやかに「照れ屋さんなんだね」と笑うことができる。それはそれで立派な羞恥《しゅうち》プレイである。

恥ずかしがり屋や引っ込み思案といったタイプなのであれば、「誰の目にも明らかな」恥ずかしがり屋や引っ込み思案にさせなくてはならないのだ。

現代祖父母孝行プレイ事情に欠かせないツール

昨今のテクノロジーの進化には、私もただ驚くばかりである。

電子メールの普及は世のコミュニケーション事情を様変わりさせた。諸君は私が「直接顔を合わせない親孝行は親孝行ではない！」と怒ると思ったかもしれないが、そんなことはない。私も電子メールにおおいに賛成である。親孝行旅行の章で詳述したが、「たまにしか会えない」状況だと、親側の親孝行プレイへの期待は加速度をつけて高くなっていってしまう傾向がある。そのためにも「ガス抜き」で電話を頻繁にしたり、用事もなく帰省してみたりということが必要なわけだが、電子メールもその「ガス抜き」として実に効果的な使い方ができるであろう。

また、子供も年ごろともなると祖父母に会いたがることもほとんどなくなってしまうのが一般的なわけで、そんなときに顔や声を介さずに交信できるメールがあれば、そこで新しい祖父母孝行像が浮かび上がるかもしれない。

まだ現段階では、祖父母側がメールに慣れていないということもあり、この実験はかなり意味のない方向に行きがちである。

たとえば、祖父が孫にこんなメールを送ってきた、というのはよくある事例である。

「先日電話で話したことですが」

この書き出しの段階で意味のないメールなわけだが、これはまだいい方である。そのメールの最後はこのように締められている場合が多い。

「このメールがついたら、ついたかどうか電話ください」

まだまだ、メールが作る新しい祖父母孝行像には時間がかかりそうである。

とはいえ、私はそれでも、祖父母はすべてパソコンを購入すべきだと提唱している。パソコンを持つ、ということだけで、実はメール以上の効果があることが判明したのだ。

こんな光景を想像してみてほしい。

もはやすっかり祖父母になつかない年齢になった子供。子供を連れて帰省しても、一人でテレビを見たりマンガを読んだりゲームをしてばかりいる。

しかし、ある瞬間に子供の目は部屋の片隅にあるパソコンに留まる。黙ってパソコンに近づく子供。そこでようやく、自発的に言葉を発する。

「これ、おじいちゃんの?」

その言葉を待っていた祖父、孫の隣に座り込む。

「ああ、でも使い方がよくわからなくてね」

自分の得意分野のこととなると黙ってはいられないという性質を持った子供は、そこで、「しょうがないなあ」という顔をしながらも、どこか嬉《うれ》しそうに祖父にパソコンの使い方を教え始める……。

子供が物心ついて以来、ほとんど初めてといっていい「祖父と子供の肩を寄せ合った2ショット」がそこで実現するわけである。

その2ショットを実現するためならば、パソコンは決して高価な買物ではないだろう。

ただし、どのようなパソコンを購入すべきかというポイントはある。機能がどうである、値段がどうである、ウィンドウズかマッキントッシュか——そんなことはどうでもいいのである。

パソコンは、ノート型で小さければ小さいほどいい。

これが私の推奨するパソコンである。もし仮にワイドスクリーンのパソコンなどというものが発売されても、「最近、老眼だからこっちの方が読みやすい」などと安易に購入してはいけない。なぜならば、目的は密着。小さければ小さいほど、孫と密着できるのである。

私はこれを「密着型パソコン」と呼んでいる。家電量販店で、その名のもとにコーナー分けされたパソコンに、祖父母たちが群がる日もそう遠くはないであろう。

第6章

親孝行プレイ5

父親にも花束を

父親にも花束を ――父親と母親は「他人」だ

父親と母親は別々に親孝行

ここまで、「親孝行」にまつわる思想、テクニック、心構えなどを語ってきたわけだが、諸君の中にはすでに「よし、私も明日から親孝行するぞ！」と意気込んでいる者もいるかもしれない。

しかし、私がまだ大事な項目に触れていないことにお気づきだろうか。

そう、「父親」の問題である。

いま、「え？　今までの話は母親のことだけだったの？」と思う諸君は、まだまだ親孝行のなんたるかを見極めていないと言えるだろう。ただ、それもいたしかたないことかもしれない。「親孝行」という言葉を聞いて、両親の顔を同時に思い浮かべる者がほとんどなのも、親孝行黎明《れいめい》期である現在、まだやむを得ないであろう。

しかし、その考え方は大間違いなのである。

ここからこそが親孝行の本質とも言える話になってくるのだが、実は親孝行プレイとは、「両親まとめて」やってはいけないのだ。それは、親孝行ポイントが半減するどころか、時にはマイナスにもなってしまう、親孝行初心者がもっとも陥りやすいミステイクなのだ。

かくいう私も若いころは、いつもセットでいる父親と母親のことを考えたとき、「親孝行をするなら両親が喜ぶことを」と思ってしまったものだ。しかし、それだけではどうも親孝行プレイがうまくいかないことがままあった。この親孝行学の権威である私にも、苦悩の日々があったのだ。しかし、そのときの私はもっとも肝心なことに気づいていなかったのである。

察しのいい者ならもうおわかりだろう。

そう、「両親」といえども、彼ら同士は血が繋《つな》がっていないのだ。

「家族」と簡単に言いがちだが、血が繋がっているのは「父親と子供」と「母親と子供」だけであって、「父親と母親」は出は他人、血縁関係ではない。つまり、彼らに同じプレイをしても、両方が一度に喜ぶとは限らないし、限らないどころか、どちらかしか喜ばない、あるいはどちらにも中途半端な親孝行プレイになってしまうという可能性すらあるのだ。

前に「嫌いな親戚《しんせき》を一人作っておくと母親と盛り上がれる」と述べた。その悪口の相手を父親にしてみると私の言わんとしていることはすぐにわかるであろう。

「オヤジもそういうところ頑固だからなあ」

諸君がそんな風に呟《つぶや》いてみせれば、諸君の母親はとても嬉しそうな顔をするであろう。「あんたはわかってくれてたのね」という、仲間意識プレイの成果である。

諸君も自分自身の家庭のことを考えてみるといい。子供の前では聖人ぶってみたりしているであろうが、些細《ささい》なことで妻と喧嘩《けんか》をしたり、バレないように浮気をしてみたりと、とても子供には言えないようなこともたくさんあると思う。

では諸君の親はどうか。もちろん、彼らにも子供である諸君たちが知らない、どうしようもないことの2つや3つ、あって当然なのだ。それを子供が理解して味方についてくれたときの親の喜びは、想像に難くないではないか。

私が親孝行プレイは個別に、と強く提唱する意味がおわかりいただけたであろうか。

親孝行プレイを母親だけにしていると、最初は父親も「おまえも大人になったな」「お母さんに感謝しろよ」と余裕の笑顔で言うであろう。しかし、間違いなくすぐに「なぜオレにはしないのだ？」と嫉妬《しっと》し始める。母の日だけに花束を贈っていると、すぐに「なぜ父の日には贈らないのだ？」と思うのだ。

やはり、アルジャーノンにも花束を、なのだ。

私は『アルジャーノンに花束を』（ダニエル・キース著／早川書房）という本を読んだことはないが、きっとそういうありがたい教えが書かれているのであろうと推察する。

父親孝行プレイはどこで始めるべきか

しかしながら諸君にとっても、母親に比べて「父親と2人きりになる」というチャンスは、なかなかめぐってはこない。となると、諸君はある程度無理をしてでも、自らそういう現場を作り出さなければならないのである。

たとえば諸君が家族を連れて帰省したとしよう。諸君の母親が食事の準備を始めたら、諸君の妻は当然、「お手伝いします」と台所へ向かうことと思う。もし、諸君の妻がそれをしないというのであれば、これは親孝行プレイの前に、人としてなっていないということなので、諸君の結婚生活をいまいちど見直すことをお勧めする。

またこの行為には、義理の娘として手伝いをする、ということだけではなく、「夫を父親と2人きりにさせる」という儀式の意味合いもあるのだ。そこで妻が席を立たねば、父と息子は2人きりで話をする機会すら失ってしまう。つまりこれは男尊女卑などではもちろんなく、男同士にするために妻は台所へ立つべし、なのである。

間《ま》が持てず　今年の巨人は　強いよね

しかしながら、妻にそのような場を作らせたとしても、ほんの数分、数十分の2ショットタイムにそれほどたいした会話ができるわけでもない。ほとんどが今年のペナントレースの行く末はどうなるか、程度のトークしか成り立たないであろう。しかし、第一歩はそれでいいのである。

そんな父と息子のトークが何に似ているか、諸君はお気づきであろうか。

父と息子が語りあうための配置図

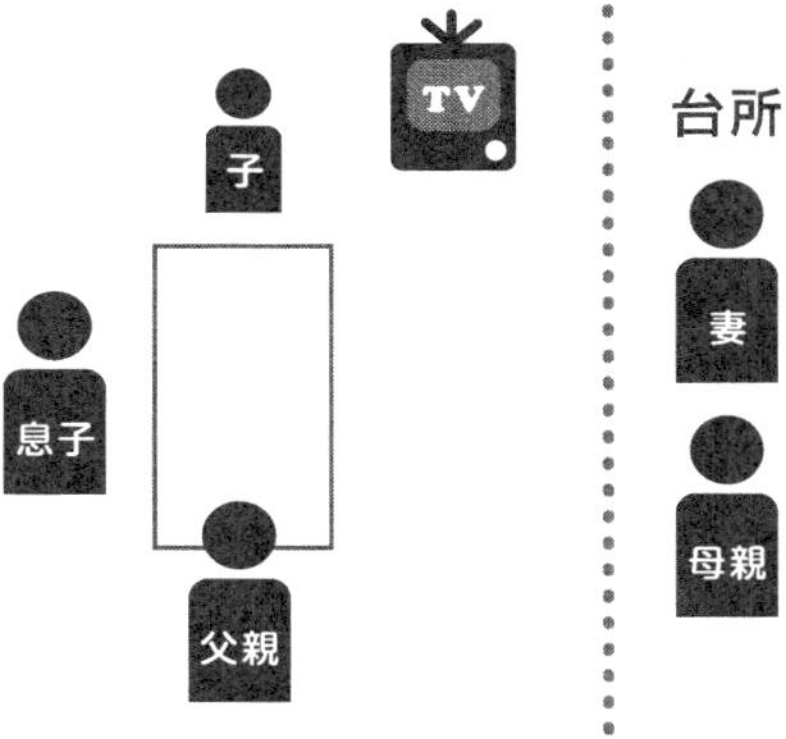

そう、それは諸君がタクシーに乗ったときの、年配の運転手とのトークとほぼ同質なのである。

これは私の個人的な体験なのだが、名古屋でタクシーに乗ったときに驚かされたことがある。そのタクシーの運転席の後ろに、その運転手の名前と趣味が書いてあったのだ。客に見えるように「趣味：マージャン」とか「趣味：野球」といった具合に、プレートが貼られていたのである。

これはその話題だったら盛り上がりますよ、ということのサインなのであろう。諸君の趣味がそこに合致すれば問題はないわけだが、諸君がまったく興味のないことであった場合、これは逆に苦痛となる。

「今年の阪神はダメだね」

諸君の中にも野球音痴の者はいるであろう。そんな者が運転手に突然そんな会話を始められたら、どうしてよいか途方に暮れてしまうことになる。

私はそこで、ある年代以上の男性ならば必ず知っていることを、あらかじめ予習しておくという手段を取ることを勧めたい。

たとえば諸君の父親が昭和30年代に「父親」だった世代であれば、たとえばプロレス、ジャイアンツ、ウェスタン映画に関してはほとんどの者が覚えていて、好きだったはずである。

「シャーク兄弟って強かったんでしょ？」

興味はなくともそういった固有名詞を頭にインプットして、父親の「ほお、おまえもよくそんなことを知っているな」という笑顔および会話を引き出すのだ。たとえばシャーク兄弟という単語をふり、父親がそこから力道山がいかに強かったか、という話までしたとしたら、父親孝行プレイの第一段階は突破したと見てよいだろう。

このような展開に運べるよう、常日ごろ、タクシーに乗るときには父親孝行プレイの練習だと思って、運転手との会話に磨きをかけておいていただきたい。

父親孝行プレイのヒント

昨今は昔に比べて先輩・後輩の区分がなくなってきていると思われる。それこそインターネットの普及によって、同じ趣味の同じ世代の者同士で集まりやすくもなっている。それはそれで、諸君の趣味生活においては良いことかもしれない。

しかし、親孝行界においてはそれは現在、大きな障害となっていて、早急な見直しを迫られている問題なのだ。

同じ趣味を持つ者同士、同じ志向を持つ者同士が集まりやすくなると、今度はまったく違う世界の人間と接点を持たなくなってしまうのだ。それこそ諸君など、もっとも世界の違う人と会話をするのはタクシーに乗ったときだけ、といったことになっていないだろうか。

これは由々しき事態である。違う世界の者とコミュニケーションを取らないことがよくない、と言っているのではない。諸君がこれから親孝行プレイをすべき相手である父親こそ、諸君とは世代も趣味も志向もすべてかけ離れた存在であるのに、ほんのわずかの食い違いすら認めない交流関係しか持っていないと、いざ父親の前に出たときに諸君には何も話す言葉がなくなってしまっている危険性があることを危惧《きぐ》しているのである。

それこそ、全然話が合わない部長と飲んだり、そんな部長にヨイショをしてみたりということも、親孝行プレイの練習としては必要なことなのだ。そして、彼らはどんなネタなら喜ぶのか、どういった話が盛り上がるのかということも会話の中から探り出し、次回にはこちらからそのトークを仕掛ける、くらいのことまでやらなければならないのだ。

私の個人的な例で恐縮だが、この「彼らの好むネタを知っている」というのは、実に有効に活用できたことが多々ある。

たとえば私は、戦争中や戦後のどさくさの話、松本清張作品や、帝銀事件などのドキュメントに精通しているおかげで、その世代の人々と語らうとき、その話題をすぐに放り込むことにしている。彼らにとっても若い世代とそのような話ができるのは喜びであるし、私にしてみても実際に興味のあることなので話を聞くのは苦痛ではない。

また、私は全共闘時代の話も好きだったので、戦時中世代よりもずっと若いが、私より10歳以上上の先輩たちと話すときにもそれは実に役立った。全共闘にまつわるエピソードを仕入れて酒の席で披露すれば、先輩たちは「おまえは若いのによく知ってるな」と喜んでくれたものである。

繰り返して言うが、諸君の父親とは、タクシーの運転手や上司よりも会話がかみ合わない人種である。このくらいのことで挫折《ざせつ》しているようなら、諸君の親孝行道に明るい未来はない、と少々厳しくはあるが断言しておこう。

父親とのトークの最終地点

親孝行の権威である私にとっても、これから述べることは予想の域を出ない話である。しかしながら、私には父親孝行時における最終的なトークとは何かが見えてきているので、研究の途中成果として発表しておきたい。

父親と息子のプレイにおける最終テーマ、それはやはり「エロ」に尽きるのではないかと思う。男の共通の話題、それは女性であり、エロである。この定説には例外はなく、父親とてその例にもれるものではないはずだ。

しかし、もちろんそれが容易にできることだとは私も思っていないし、実際に私もまだこの項目をクリアしていない。しかし、父親の年代の他の男性とならば、酒の席で「こないだキャバクラ行ったときのことなんですけど」と話をすることはできる。父親にも決して無理なことではないはずなのだ。

「最近、アナルにハマっちゃってさ」

もちろん、突然諸君がそんなことを言い出したら、父親は話に乗ってくるどころか、深刻な親子関係の断絶を生んでしまうであろう。

しかし、回り道をしながらエロに話を向けようとしても、なかなかその道も険しいものである。

たとえば続いてオナペットの話に持ち込もうとして、諸君が「父さんのアイドルって誰だったの？」と聞いてみたとしよう。親孝行学会の調査によれば、60歳以上の男性の8割近くがこのとき「吉永小百合」と答えてしまうという惨憺《さんたん》たる結果が出ている。これではエロ方面に話が膨らむはずもない。

次にシチュエーションとして「親孝行旅行時の風呂《ふろ》」というチャンスタイムがある。旅行時には温泉なり宿の大浴場なりに入るわけで、そのとき、いやがうえにもお互いの男性器が目に入ってしまうことになる。もちろんこれは視野に、という意味で本当に目の中にいれるという意味ではない。

そこで、諸君にわずかばかりの勇気があれば、こんなことを言ってみるのもいいかもしれない。

「オヤジ、黒いね〜」

そんなことが普通に言えるようになれば、諸君の親孝行プレイはそうとう高いステージで行われることになるだろう。

「おまえも相当なモノじゃないか」

そんないい会話が成立したとき、もう私が諸君に教えることは何もないような気がする。

男性器の話をつけ加えておくと、男性諸君は小さいころに見た父親の男性器が、とにかく大きく黒かったという印象を持ってはいないだろうか。ビッグ＆ブラック。諸君がスモール＆ホワイトだった時代だから、とくにそう思っていたのかもしれない。しかし、今ではお互いにビッグ＆ブラックのはずである。ここにも親孝行トークの突破口があるように思えてならないのだが、残念ながらこの件についてはまだ研究が進んでいない。

この項目にかぎって、私の講義が滑らかでないことは諸君に詫《わ》びなければならないだろう。

実験例として、かつて父親に突然こんなことを聞いてみた者がいる。

「隠し子いる？」

こういう話は突然の方がインパクトがあると思い、いきなりそんなパスを放ったそうだが、父親はそのボールを外へ蹴《け》りだしてあっさりと言った。

「何を言い出すんだ」

これでこの会話は終了となってしまったというのである。

親孝行学の権威としてではなく、一人の親孝行家として、私もいま、「父親の武勇伝を聞き出す」ことを当面の目標にしている。私よりも先にこのステージをクリアする者がいれば、私は素直にその者に頭を垂れよう。

親孝行ギフトのタブー

ここでは「父親に何をプレゼントすれば喜ぶか」のテクニックを考察していく。

それにはまず諸君には父親孝行プレイの基本姿勢から学んでいただきたい。

それはすなわち、「年を取ったことを、父親に実感させるな」ということだ。プレイのひとつひとつは、父親にはいつまでも若い気分でいてもらうためのものでなくてはならない、というのが絶対条件なのである。

ボケ防止の意味も込めて、何百ピースもあるパズルを贈ったという例がある。しかし、父親は喜ぶどころか「馬鹿にしているのか」と言わんばかりに、それをそのまま押し入れにしまいこんでしまったというのだ。

親孝行ギフトにはタブーがある、と思い知った瞬間であった。

この例からもわかるとおり、父親にはいつまでも「ダンディなもの」を贈り続けなければならないのだ。「お父さんはまだまだ若い。これくらい大丈夫。きっとまだモテるよ」というメッセージが込められたものでなければならないのだ。

定年退職後の父親をイメージすると、どうしてもパズルや盆栽など、いわゆる「枯れてるグッズ」を思い浮かべがちなのだが、それは父親にしてみると大きなお世話でしかないのだ。逆にこちらが「これ、若すぎるかも」と思うくらいのものを贈った方が喜ぶのである。

ある程度の年齢を経た男性であれば誰だって、男はいつまでもそういうものなのだということもわかるであろう。

たとえば30代や40代の諸君が、妻にモモヒキをもらっても嬉《うれ》しくはないであろう。

20代の諸君がガールフレンドに「寒いでしょう」とアンカをもらっても、その気づかいに感謝はしてもプレゼント自体を喜ぶことはないであろう。

　プレゼントというものは、相手にとって必要なものを贈る行為ではない。そのようなものは本人が自分の意志で購入すればいいのである。プレゼントとは本人では絶対に買わないもの、しかしもらうと意外に嬉しいものをチョイスすべきなのだ。これはなにも親孝行プレイに限った話ではない。似合わないベレー帽を突然もらって、恥ずかしくても頑張ってかぶったりすることで元気が出てくるものなのだ。

　父親が枯れたと思っているのは子供の勝手な思い込みで、本人はまったくそんなことは考えてもいなかったりするのだ。刺青シールを贈ってみたら、平気で腕に貼ったりするかもしれないくらいなのに、それを子供の方が「もういい年なんだから」と止めることは、それこそ親孝行にはならないではないか。

　諸君ももう充分大人になったのだから、仮に自分の父親がかまやつひろしのようだったり、野坂昭如みたいなワイルドな大人だったりしても逆に嬉しいのではないだろうか。私にしてみても、父親が植草甚一のような人であったらと今でも夢見ることさえあるくらいである。

諸君はもちろん、この私だって若いころは絶対に、そういった趣味人的な父親には反発をしたと思う。勤勉で実直なサラリーマンであってほしいと思ったであろう。そして実際にそんな真面目な父親であってくれた者がほとんどだったと思う。

しかしそれは、我々子供たちがずいぶん抑え込んだ結果だったのかもしれないとは考えられないだろうか。我々が無軌道な父親を許さなかったがために、父親は変なことや奇抜なことをできずに生きてきてしまったのではないだろうか。

もう定年退職もしたし、我々も大人になった。では、感謝と反省をこめて、これからは父親に好き勝手に生きてもらおうではないか。そして、そのクレイジーな老人ぶりを我々がサポートしようではないか。それこそ、両者の思惑が一致した親孝行プレイである。

父親に着せるべきファッション

このようなギフト問題に関しては、ついに私は父親に贈るべきプレゼントの最高峰を見つけだし、それを先日親孝行学会でも提唱したところである。

父親に贈るべきギフト、それはヤクザファッション、である。

ヴェルサーチというのであろうか、あのヤクザ諸氏が好んで着ている服こそ、父親ギフトに最適なものなのである。

ヤクザ諸氏は、あの服を怖がらせようと思って着ているわけではなかろう。きっと、当人たちはヤングな気分で、女性にモテるから着ていると思うのだ。そうでなければ、あれだけ揃ってあのようなファッションをする意味が見いだせないのである。

しかしながら、自分の父親の世代に、ヤクザファッション以外に「若さをアピールする」服が存在するだろうか。ヴェルサーチだけではなく、たとえば金のブレスレットなどを贈ってみれば、きっと諸君の父親は大喜びで毎日着用するであろうと私は推測する。

いま、諸君の中には「腕に巻くものであれば、せめてライマとか……」という考えが頭をよぎった者もいるであろう。しかし、それは前述したとおり許されるものではない。そこに「健康のため」というエクスキューズが入るものは父親は喜ばない。それは万歩計を贈るのと同じ意味で、父親に「老けた」「枯れた」の烙印《らくいん》を押す結果になってしまう。

諸君の父親は、同窓会などに行って帰ってくると必ずこんなことを言うのではないだろうか。

「みんなしみったれてたなあ」

それは、「みんな老けてしまったけれど、オレがいちばん若々しかったぞ」ということを誇示したいがための台詞《せりふ》なのだ。

では、とことん若くなるためにヴェルサーチと金のブレスレットを贈ってみようではないか。

我々にしてみると、確かにそのファッションはつらい。諸君も抵抗があることは想像に難くない。しかし、彼らの年代の中では「現役感」を出すのにこれほど最適のファッションはないのである。それを着て同窓会にでも行こうものなら、諸君の父親が注目と話題を一手に引き受けるという特典まで得られるであろう。

いま諸君の中から「では普通に若者が着ている服をプレゼントすればよいのではないか」という声が聞こえてきた。しかし、それこそ間違いである。デザイナーズブランドなど、どこのが似合うかよくわからないし、何よりもそれは「無理をしている」という印象をまわりに与えかねない。しかしヤクザファッションならば、我々にとっては変に見えるかもしれないが、あの世代同士では「若いね」と言い合えるアイテムになること請け合いだ。何よりも〝わかりやすさ〟を重要視すべきなのである。

最近ではビームスやらパパスやら、カジュアルでオシャレな服を父親に着せようとする動きもあると聞く。しかし、それはあくまでも子供側の自己満足に過ぎない。彼らの世代同士ではその服装が若いのかそうでないのかもわからないのだ。そもそも、彼らの世代には「カジュアル」という言葉などなかったことを思い出してもらいたい。

かように、ヤクザファッションを上回るものはないのである。

もちろん、そんな服をもらったら父親も最初は驚くであろう。しかし自分では「オレには派手だ」と思いつつも、それが息子から贈られたものだということは、同時にヤングの御墨付をもらったということでもある。諸君が40代でもこの場合は「ヤング」である。

まだ抵抗があるであろうか。では、こんな光景を想像してもらいたい。諸君が友人に自分の父親を紹介するとき、そこにモモヒキにカーディガン姿の父親であるのと、派手なヴェルサーチを着ている父親の、どちらにいてほしいだろうか。

前述したように、これ以外の選択肢はない。となると、おのずと答えは導きだされよう。

オヤジにこそヤクザファッションを！

親孝行ギフトを選ぶときは、この言葉をスローガンとして胸に刻みつけておいていただきたい。

第7章

親孝行プレイ6

親孝行寿司

親孝行寿司

——それは究極の親孝行プレイの舞台

母を置き、父を連れて街に出よう

母親という種族はおもに「居間」を縄張りとし、すなわち諸君の実家にいつでも生息しているわけであり、諸君が母親に対して親孝行プレイをするときに、時間や機会で苦労することはほぼないと言っていい。

しかし前章で述べたように、父親と話すためには必ず2人きりになる必要があるし、そしてここが重要なのだが、家から出る必要もあるのだ。前に「女性は自然体、男性は不自然体で生きている」ということも述べた。しかし、諸君と父親、つまり不自然体と不自然体の会話が、自然体の権化である母親の縄張りの中ではなかなかうまくいかないことであることは、諸君にも容易に想像ができるであろう。

諸君も我が身を振り返ればわかるであろう。父親、いや男子というものは状況が変わらないと喋《しゃべ》ることもおぼつかない人種なのだ。母親とともにいる家の中では、会社に行ったり友人と会っているときの「外の顔」というものはほとんど出ない。父親にしても、どちらかと言えば「家の顔」よりも「外の顔」の方が、自分自身誇りに思っていたり、子供にも見てもらいたいものである。

私には幼いころから親孝行の素質があった。エナリストという言葉すらまだ知らなかった幼少時代、私は「お父さんの仕事をしているところが見たい」と、父親が勤めていた会社を訪れたことがある。もちろん、「父の働いている姿を見たがる、父親好きな息子」プレイである。そのときの父親の「こちら、経理の田中さんだ。ご挨拶《あいさつ》しなさい」といった、どこか家よりも偉そうな態度の中に、そこはかとなく嬉《うれ》しさがにじみだしていたことを私は見逃さなかったものだ。

もちろん、諸君の年代になって「お父さんの職場が見たい」と言うのも変な話である。そもそも、すでに定年退職を迎えた父親を持つ者も多いであろう。

となると、おのずと親孝行プレイの舞台は実家というセットから、屋外ロケへと変更になる。

このロケ地は様々な候補地があると思われるが、親孝行学に40年をついやした私の結論はただひとつ、「寿司《すし》屋に勝る親孝行プレイの場所はない」である。

ここではー章をついやして、そんな「親孝行寿司」について考えていきたい。

寿司屋で何を話すか

実は親孝行寿司においてもっとも大事なのは、父親との会話の内容ではなく、その店選びこそが最重要ポイントなのだが、それは後述するとして、まずは簡単に会話部分のプレイをおさらいしておこう。

まずはいきなり2人きりで寿司屋にやって来てしまったときの、父親と諸君の気まずさを一瞬に消し去るテクニックから伝授しよう。カウンターに座る、おしぼりで手を拭《ふ》き、ビールか酒を頼んだところで、大将が「何にしましょう?」と聞いてくる。勝負はここで決まる。

「うにください」

諸君は私の言わんとしていることがわかるであろうか。つまり、最初のオーダーで、父親がつっこむ隙を与えよ、ということなのである。いきなり「うに」を頼み、「おまえもやるなあ」「うにの良さ、本当にわかるのか？」などと、父親のうんちくをいきなり引きだせば、その場もいくぶんかは和むであろう。もしくは正反対に「たまご」と頼み、「子供みたいな頼み方だな」と父親に大人の余裕を演出させるというのもよいであろう。

要は中途半端がいちばんいけないのである。「ひらめ」「まだい」などと、父親がリアクションを取れないものを最初に頼むことは親孝行プレイには御法度なのだ。

さて、そんな風に気まずさを取り除くことに成功したら、ようやくそこから父親と息子の会話はスタートする。しかし、寿司屋に行ったところで、ほぼ間違いなく父親の第一声は「最近、仕事はどうだ」であろう。そしてその話がひとしきり終われば、父親という人種のオードブルの出し方はまず決まっており、次は「家庭」へと進む。

残念ながら「最近、夜の生活はどうだ？」と聞いてくれる父親は皆無なのである。

このときの会話は、親孝行旅行の章で詳述したとおり、「とにかく自分の話は何倍・何十倍にもする」が基本である。寿司の頼み方同様、極端な話にしなければならない。たとえば仕事の話をふられて「まあボチボチだな」と答えれば話はそこで終わってしまう。親孝行プレイではそういう事態は避けなければならない。

「大赤字で首がまわらない」

「年商が1億超えた」

これは親孝行プレイでは同義語なのだ。諸君もビッグトークで父親の興味をどんどん引くよう努力していただきたい。

父親の話を聞く際の心構え

では逆に、諸君が父親の話を聞くという段階では、諸君はどのような態度で臨めばよいのであろうか。

残念ながら父親の話は諸君にとってそれほど面白いものではない。ましてや、諸君たちのようなプレイ意識など最初から持ちあわせていないわけで、その話を面白くビッグトークに仕立ててくれることもない。

「役職っていま何?」

「会社って何人くらいいるの？」

諸君がもう少し若ければそんなことを聞くところだが、もちろんそれにしても出てくる答えは驚愕《きょうがく》するようなものでも感嘆するようなものでもない。

「オレの年のとき、何してた？」

これがもっとも無難な質問であろう。多少は会話も続くし、父親はそこでさりげなく自慢もできれば、さらに息子に「しかしおまえも頑張っているよな」と大人の余裕をみせることもできる。

しかし、これもしょせんその程度なのである。

ここで、私の親孝行プレイの秘技を述べておかねばならないだろう。父親孝行トークは、結局のところどんな話題でも大盛り上がりすることはない。しかし、テーマに頼らず、根本からそれを覆すことができる究極のテクニックを、私はついに発見したのである。

目の前にいる男は諸君の父親ではない。北野武である。

北野武でなくても、岡本太郎でも長嶋茂雄でもアントニオ猪木でも誰でもいい。

とにかく諸君より年長で、諸君が憧《あこが》れている人物といま喋っているのだと、自分を洗脳して思い込むのである。

よく考えていただきたい。有名人でなくとも、諸君が年長の者と話す機会をもったとき、実はその会話が盛り上がるか否かは「話が面白いか」がポイントではないのである。「その人の話だったらどんなにつまらない話でも聞ける」という感情がまず第一にあるはずなのだ。

これは否定的な意味ではなく、見慣れた父親の話をいまさら聞き出したいと思えなくても、それはやむを得ないことなのだ。

となると、どんなに会話に趣向をこらしたところで、諸君自身の気持ちがついてこないのだから、プレイの限界もおのずと見えてきてしまう。だからこそ、「いま話している人は話を聞きたい人である」と思い込むことだけがこの問題の突破口なのである。

ひじょうに難易度が高く、諸君の精神力の強さが要求されるプレイである。

いきなりそんなことはできないと思う諸君は、父親と寿司屋で語らう際、やにわにテープレコーダーを回してメモ帳を用意してみるのはどうだろうか。そんな取材記者気分になってみれば諸君の質問も淀《よど》みなく出てくるのではないかと私は信じている。

寿司屋選びのポイント

かように、トークの内容には大盛り上がりが期待できない父親孝行プレイ。前述した自分洗脳方式も万人が成功する術ではないであろう。

しかし、親孝行寿司のポイントは会話よりも店選びにあるのである。ここまでの講義で不安を感じている諸君も、以下をしっかり覚えれば万事問題なくプレイができるので、心して聴いてもらいたい。

父親と一対一のプレイまでこぎつけたらまずはすぐに、父親を寿司屋に連れ出すわけだが、この寿司屋はできれば父親の馴染《なじ》みの店であることが望ましい。

父親が気に入っている大将が見守る中、カウンターに横並びに座って息子に自分の武勇伝を話す――これは親孝行プレイの最高峰、父親にとってこれ以上の喜びはないというくらいのシチュエーションであろう。

「お父さんも若いころはいろいろあってな」

そのときの諸君の父親の誇らしげな顔は、きっと諸君にも「親コーラーになって良かった」と思わせてくれるであろう。

さて、そんな極上の親孝行プレイに欠かすことのできない「第三の主役」について考察してみたい。

それは寿司《すし》屋の大将である。

諸君の親孝行プレイを生かすも殺すも大将次第、と言っても過言ではない。このプレイをつかさどるのは諸君でも父親でもなく、大将なのだ。

さきほどの父親の台詞《せりふ》、自分の若かりしころの体験談が始まったときに「え？そうなんですか？」などと話に入ってくる大将であれば、諸君の親孝行プレイはすべてが水の泡となってしまうであろう。あくまでも、そんな話が始まっても黙々と握っていてくれる大将でなければならないのだ。寡黙で、でもたまにニヤリと笑うくらいの大将がベストだ。

「大将、ウチのオヤジ、こんなこと言ってますけど」

そんな大将であれば、たまに諸君が助け船を求めるような口ぶりでそんなことを言ったときも、さっと包丁を拭《ふ》きながらなんでもないようにこう言ってくれるはず

親孝行における寿司屋での正しい座り方

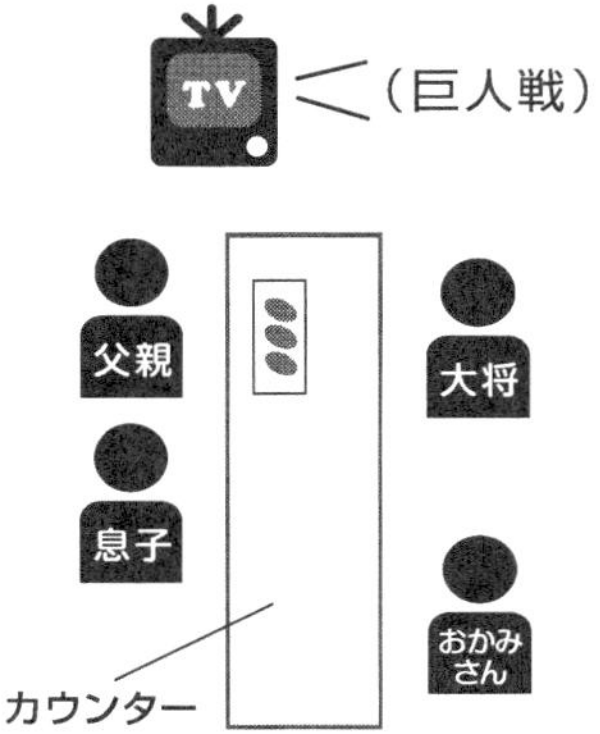

だ。

「そりゃお父さん、モテたでしょう」

諸君の父親にしてみれば、息子に羨《うらや》ましがられた、信頼している大将に認められた、と2連発の喜びがあるわけである。

しかし、これがダメな大将だった場合は最悪の事態へと突入してしまう。

私の個人的な例だが、私の友人で結婚するまで童貞だった男がいた。友としては当然、結婚後の彼の童貞喪失話を聞きたくなるものだ。なので私は彼を寿司屋に連れて行き、「いつやったのか?」「どうだったのか?」と聞いてみた。すると、その寿司屋の大将が突然、私の友人に向かって「そんな都会かぶれした奴の話なんか、聞かなくていいよ」と言ったのである。

このような「自分の意見を言いたがる大将」がいる寿司屋ほど最悪なものはない。その後の会話も成立しないし、そんな大将の握った寿司など食べたいとも思わないであろう。親孝行プレイ、しかも父親を家から連れ出してのプレイに、そんな失敗は許されない。

いい親孝行はいい大将選びから。

これが親孝行寿司の鉄則である。父親の馴染みの店であればほぼ間違いはないであろうが、諸君が父親を連れていく場合に備えて、そのような店を見つけておくのも親孝行プレイの準備項目として重要なことである。

寿司屋におけるスタンス

仮に諸君が私と同様、40歳を過ぎていたとしても、親孝行寿司においては必要以上に「若者ぶる」ことが必要であることも述べておこう。

要は父親というものは、息子がいくつになろうといつまでも「舎弟」でいてほしいと思っているものなのである。いつまでも自分の言うことを聞き、いつまでも自分のことを尊敬し羨ましがるような存在。

しかし、ほとんどの者が思春期あたりを境にそうではなくなってしまっているであろう。父親に説教されたとしても、「わかったわかった」と空返事をするような関係になってしまっていると思う。

しかし、いい大将がいるいい寿司屋にさえいけば、その舎弟感覚の親孝行プレイが、諸君にとっても無理なく実行できるのである。

「息子さんも、お父さんの言うことはちゃんと聞かなきゃダメですよ」

大将にそんなことを言われれば、諸君も「ハイ！」と、まるで子供のように元気よく頭を下げることもできるであろう。

それこそ、父親がもっとも喜ぶ息子の姿である。

なかなかそういう場面がめぐってこなければ、諸君の方からそれを仕掛けるテクニックもあるので教えておこう。

酒を飲み、寿司をつまみながら、あるきっかけで諸君は父親と大将の両方にとって理不尽なことを言ってみるのだ。「なんかそれって、考え方が古いんじゃない？」などとわざと言ってみるのである。

すると、その数分後に諸君は、父親と大将の2人にダブルで説教をされているであろう。そして、同じ意見を持つもの同士は盛り上がり、諸君は針のむしろにすわらされるような状況になるわけである。もちろんそれは、諸君が自ら作り出したシーンだ。

そしてここぞというところで、若者気分全開で父親と大将に頭を下げるのだ。

「もう勘弁してください」「かなわないっすよ、二人には」「出る幕なしっすよ」といった台詞が妥当だ。この瞬間父親には、息子に自分の意見を通した、好きな大将とも連帯感が生まれた、そして息子は素直に謝ったと3連発の幸せが訪れているわけである。

前項の続きになるが、こういう高度なプレイをするには、やはりそれなりに敷居も高い寿司屋でないと難しいであろう。高いと同時に、諸君が素直に「すいません、今日、何がうまいですか?」と下手《したて》に出られるような店である。

親孝行学会ではこれを「敬語寿司」と命名し、現在全国の優良店をリストアップしているところなので、その発表を待っていただきたい。

さて、そんな敬語寿司に諸君が父親を連れていけば、父親はまずそれだけで「おまえも出世したんだなあ」と喜ぶであろう。

そして、そんな敬語寿司の大将にしてみても、親孝行プレイで訪れるのは上客である。確実にお金は落とすし、騒いだりすることもない。しかも、さきほどの理不尽プレイのように、父親とタッグを組んで若者に説教ができれば、自分の人生訓を語ることもできるのだ。

そこまで完璧《かんぺき》なプレイを遂行することができれば、きっと大将も御品書きにも書いてないような寿司をすっと諸君の前に差しだすであろう。

「こういうときにしか出さないんですけど」

そんな密漁寿司が出てきたら、諸君の父親孝行はすべてクリアしたと、私は太鼓判を押そう。

第8章

親孝行プレイ7

友活用法

友活用法

——親子関係に悩んだときの救世主

友によってプレイは大きく変わる

かつて私は、親友の親と親孝行旅行をしたことがある。その親友とは作家のいとうせいこう氏。諸君の中には知っている者もいるであろうが、私と氏は『見仏記』という共著のシリーズで、ともに日本中はもちろん、世界を股《また》にかけて仏像を一緒に見て回る「仏友」であり、そして、眼鏡の度まで同じという「度が合う仲間」でもある。

そんな氏がある日、私の前でこうもらしたことがある。

「ウチの親が奈良に行きたがってるんだよね……」

その言葉を聞いた私は、親孝行学の権威としての血が騒ぎ、当然いとう家の親孝行旅行に同行した。そしてその結果、親孝行プレイにとって「友」という存在は、実は妻や子よりも重要なポジションを占めることがある、ということがわかったのである。

「普通は親と3人で旅行に行ったら気まずいけど、みうらさんが横にいることによって盛り上がったわけだし。オヤジも飲む相手が欲しかったから――昼間から飲んでたでしょ、あの男（笑）。あの堅い男がさ、もう嬉《うれ》しくて嬉しくて蕎麦《そば》屋に入って『みうらさん、一杯どうですか』でガンガン呑《の》んじゃって」

そのときのことをいとう氏はそう述懐した。

あまり自分のしたことをこれ見よがしに述べたくはないのだが、このときの私は我ながらなかなかの活躍をしたと思う。ツアーコンダクターの役目はもちろん、いとう氏のご両親への積極的なトーク展開、そして「友」としていとう氏がいかに頑張っているかの報告、さらにはご両親の後ろ姿の写真を撮っているいとう氏の後ろ姿を撮影したりと、文字通り西へ東への大活躍であったと思う。

諸君も想像できるかもしれないが、私は長髪にサングラスという出で立ちである。冷静に自己分析すると、この容姿は言葉尻《じり》に「ファック！」をつけそうな雰囲気ではないかと思っている。しかし実際の私は関西弁、しかも京都出身なので比較的柔らかい言葉遣いをする。このギャップがまた、ご両親にとっては良かったのかもしれない。事実、いとう氏の言うとおり父上は終始上機嫌でいらっしゃった。

親孝行家の面目躍如といったところだが、この状況——親友と父親はなぜ意気投合できるのか、には深い理由があることをいとう氏は発見していたのである。次項でそれを述べよう。

友と父親の意外な法則

私は氏の父上はもともと陽気で話がわかる方だと思っていたのだが、氏に言わせると家にいるときの父上はまったく違うのだという。

「オレはわりと物静かなタイプで、これはたぶんオフクロの影響なんだよ。でもオヤジには、オレには見せてなかった陽気なオヤジもいたんだよ。たまにチラチラ見えてはいたんだけど、オヤジって家にいるときはそんなに陽気にはしてないじゃん。くだらないシャレを言いたくても、ウチのオフクロがナンセンスギャグじゃないと笑わない人だったし。でもあの旅行ではみうらさんのおかげでその面が出てた。そういう意味ではみうらさんと話が合ってるんだ。『あれ、この親子についてきてるのはオレの方か？』って思ったもん（笑）」

私はいとう氏の父上に喜んでもらいたくて、旅行中にオニキスのループタイをプレゼントした。すると父上はじっとそれを見つめ、「これ欲しかったんだよな」と呟《つぶや》いてくれたのである。そして、父上は「無限子《むげんし》」という俳号を持つほどの詠み人でもあるのだが、最終日に酒を酌み交わしていたとき、その御礼なのか「じゅんさんや」で始まる句を詠んでくれた。私はその瞬間、「じゅんさんはいつの季語だ？」と思いつつ、友としての親孝行プレイは成功したと胸をなでおろしたものである。

正直に告白しよう。親孝行学の権威である私だが、このとき不謹慎にも自分の父親よりもこの人の方が私は喜ばせることができる、と思ってしまった。さらに、私の父はかつて呉服屋に勤めていて、いまでは家庭菜園を趣味としているのだが、いとう氏は和服に興味があり、家庭菜園に至っては著作を持つほど造詣《ぞうけい》が深い。なぜ、こうも逆なのだろうか。

しかし、私のそんな告白に、いとう氏は実に鋭い分析をしてくれた。

「オレは法則を見出《みいだ》したんだ。親友は父親に似た人を選んでるんだよ。みうらさんって、自分のことも大好きだけど、人のことにもどんどん介入したり助けてやったりするの好きじゃん。ウチのオヤジもそういうタイプなんだよ。だから親友親孝行旅行って、論理的に成り立ってる行為なんだよね。父親は息子の親友と気が合う、息子は父親の意外な一面が見られる、父親は『こんな友達とつきあってるなら息子は大丈夫だ』、なんだよ」

いとう氏のこの説に私はおおいに唸《うな》り、そしてその瞬間、とても大切なことに気づいたのである。そう、察しのいい諸君ならもうおわかりだろう。

「親友」とは、「親」の「友」と書くのである。

友は親子関係の潤滑油にもなる

これほどの親孝行家である私ですら、ときには親子関係に悩み、傷つくこともある。親には自分の考えが伝わらない、自分には親の思いが伝わらない、そんなジレンマがやがて微妙な緊張関係へと発展してしまうこともある。

しかしいとう氏は、「そんなときこそ友の出番だ」と言う。

「親子関係の子供が受ける重荷って、友達がガス抜きするわけでしょ。親にとって息子の友達は仮想の息子だから。小さいころもそうだったじゃん。オレも家に友達呼んだりすると、オレには出さないのに友達にだけお菓子出したりさ。オレがみうらさんの実家に行けば、そういうガス抜きにもなるし、『最近のみうらさん、こういうことやってて面白いんですよ』って友からのアピールだってできるわけでしょ」

お恥ずかしい話だが、私はこの言葉を聞いた瞬間、いとう氏に思わず「結婚してくれ」と叫んでしまっていた。家人にこれだけの分析力と理解力と行動力を持った人物がいてくれたら、どれだけ親孝行プレイにとって心強いことであろうか。

しかし、そんな私の戯言《ざれごと》にもいとう氏は冷静に「それは違う」と指摘してくれた。

「でもそれは友だから、両方に距離があるからできる。奥さんみたいに足場がある人はそこから離れたらいつもの生活ができなくなっちゃうからね。それに、奥さんじゃなくて友がアピールするってことは、そこには『社会的にもみうらさんはこんなに評価されてるんですよ』っていう、『社会』も入ってくるわけでしょう。親子のべったりくっついた感じに、社会的なものを入れることができる。しかもそれは新聞記事でもなく、友から伝わる人肌のぬくもりのある情報なわけだよ。『小さいころのじゅんはこうやったけど、今は今で頑張ってるんやな』って思えるでしょ」

いとう氏のこの言葉は、親孝行の権威である私でさえ袋小路に入り込むこともある親孝行プレイに、新たな一筋の光をもたらしてくれた。そして後日、ついに私の親孝行旅行にいとう氏が同行するという念願も叶《かな》ったのだが、それは本書の最後で報告しよう。

親の間違った認識は友が正す

親子関係は面倒くさいものである。

今までこういう言説は不謹慎とされてきたが、もはやここを認めないことには新しい時代の新しい親孝行スタイルは探し出せない。それはこれまでも諸君に幾度となく繰り返し述べてきたことである。

しかし、諸君が新しい親孝行スタイルを確立する間にも、昔ながらの論理を引きずった親という種族は諸君にあれこれ難題を押し付けてくる。諸君が「そんなことじゃ世の中やっていけないよ」などと言おうものなら、「それが我が家の家風だ」「おまえは天狗《てんぐ》になってる」と怒りだす、もしくは「昔はそんなことを言う子じゃなかった……」と突然「夜なべした母さん」のような「泣き」に入るであろう。

だがこの主張を諸君たち自身が言えば角が立つのだが、友が言うとそれは有効に作用することもあるのである。たとえば、私はすでに入る墓が決められている。残念ながらまだその墓を見に行ったことはないのだが、私の母はそれをたいへん嘆く。「きっとあんたは掃除にもきてくれない」と言うのである。

私がそのような状況を告白すると、いとう氏はこのように言ってくれた。

「そうしたら友が出動するよ。『いや、僕も自分の親の墓は行かないだろうなあ。親は思い出の中にいるものだから、墓なんかに行きたくないですよ』って言うよ(笑)。息子に言われたら腹が立つかもしれないけど、息子の友達が言うなら納得するかもしれないでしょ。ビリヤードの法則って言ってもいいかもね。いきなりバーンと当てるんじゃなくて、一回クッションに当ててから。そのクッションが『友』だよね」

なるほどと諸君も唸るであろう。確かに当人、もしくは身内が言えば気分の良くない台詞《せりふ》でも、友が自分の親を引きあいに語ってくれれば状況は一変するのである。親とは頑固なコンピュータのようなものである。なかなか一度入力されたデータは書き換えることはできない。それを子供やその夫や妻に指摘されれば、ますますそのコンピュータは侵入不可能になってしまう。

しかし、そういう「誤ったデータ」を修正するのも友の役目だといとう氏は言う。

「みうらさんは親孝行を充分やってる。だから友が出動して、『みうらさんはえらいですよ。ここまでやってくれる息子さんはなかなかいないですよ』って情報を入れに行くわけだよ。『みうらさんのおかげで、僕は初めて親と旅行したんですよ。みうらさんは毎年お父さんお母さんと旅行に行かれてると聞いて、いやあ、僕は感心しましたよ』っていうデータをね。親子関係に傷つけないように客観性を持ち込む、っていうのが友の役目だね。それはふだんの生活で親との関係がある奥さんにはできないよ」

かなり頑固なコンピュータも、かように「友」というウィルスなら侵入してデータ改変を行えるというわけである。

関東と関西の親孝行事情

いかがであろうか。諸君もすぐさま親友の親と旅行に行きたくなったのではないだろうか。もしくは、親友と一緒に親孝行旅行に行きたくなったのではないだろうか。

この友の親孝行プレイは、いま私がもっとも推奨していることでもある。諸君もさっそく実践してもらいたい。場合によっては普通の親孝行旅行よりもとっつきやすいかもしれない。それならば友の親孝行プレイを先に実行し、そこで親孝行の下地を作ったあとで、前章までで述べたような諸君自身のプレイへと移行するのもひとつの手ではある。

では本章の最後は、より実りの多いプレイのために、いとう氏の分析による親孝行地域文化論に耳を傾けていただきたい。

私は京都、すなわち関西圏で生まれ育ったのだが、東京に生まれ育ったいとう氏によると、この地域差も大きいのだという。

確かにそれは私も思うところがある。たとえば、お笑いの人を例にとっても、関東ではビートたけし氏のように一代でのし上がった人でも、たいへん親に優しいイメージがある。しかし関西にはいまだに「調子に乗ってるから親子の情を忘れてる」という考え方がある。

「たけしさん見てわかるように、東京の人は親孝行って言っても両方にテレがあるから。『オヤジ、こんなことあってさ』なんていきなり話しかけたら、オヤジの方が気味悪がっちゃうんだよ。子供が風邪引いたって聞いたら、親はある日何も言わずにいい漢方薬を送ってくる、子供は子供ですぐにはお礼しないで、治ってしばらく経ってから全然違う話を書いて手紙を送る、でもそれはお礼のつもりなんだなと親もわかる、そんな風に必ずテレが入るからね」

ラグビーのタックルのような親子関係を持つ私には、なかなか理解できない話であった。

「ウチは親子関係に距離があるからね。でも距離がありすぎるという問題もあるんだ。ここんとこ電話ないなと思って、久しぶりに電話して、しつこく聞いてみたら入院してたんだよ。下手すると死んででもわからないかもしれないんだ（笑）。でも、もしオレも入院したら言わないかもしれないんだよね。下手に心配させることもないかって。でもそれはオレと親ならわかることなんだけど、妻にはわからないかもしれない。『なんで入院のことちゃんと聞かなかったの？　私、お見舞いに行ったのに』っていうことになったりしかねないでしょう。まあ普通はそっちの方が正しいのかもしれないけど」

40歳を超えてもいまだに誕生日に電話をかけてくれる私の母には、到底理解できない話であろう。

しかし、このいとう氏による親孝行における地域差は、私にもひじょうに学ぶところがあった。私の今後の親孝行学にもおおいに役立てていくつもりである。

第9章

母親はいつまでも恋人

── 私はいかにして親孝行家となったのか

「母親」と「オカン」

いよいよ最後の講義である。

ここでは諸君に実践的なテクニックは語らない。私自身の話をしてみようと思う。私自身、というより私の母親についてである。

エナリストの第一人者、親コーラーのマエストロ、親孝行学の権威、全身親孝行家……御存じのように私は様々な称号をもって、親孝行プレイの開祖として認めていただいている。私もそう呼ばれるだけの自負と責任を自覚しており、そうであるからこそこのような講義を開催したのである。

しかしそもそも、いまの私があるのは誰のおかげかと言えば、それはもちろん私の母親である。この母親の存在のおかげで、私は親孝行プレイに目覚め、実践し、自説を唱えるまでに至ったのだ。

もちろんそれは良い体験ばかりではない。それどころか、私の親孝行家への道は実に険しく、何度挫折《ざせつ》したかわからないほどである。しかしその挫折こそが現在の私を形作っていると思えば、私の母親の話を包み隠さず語ることも、諸君にとっては有益なこととなるのではないかと思うのである。

以下、私の母親の話、そしてそんな母親のおかげでどのように私が親孝行家として鍛えられていったか、ひとつの実験例として聴いていただきたい。

私は生まれた段階でまず、親孝行においてはハンデをひとつ背負ってしまっていた。

私は京都、すなわち関西圏の出身なのだが、この地方には「お母さん」「ママ」「母上」という種族は存在しない。生息するのはすべて「オカン」というものなのである。

関西圏以外の諸君にはわかりづらいだろうか。一例を挙げれば、数年前にダウンタウンの「オカンとマー君」というコントで、松本人志が演じていた「オカン」がまさにそれである。あの名作コントを観たとき、「なぜウチの親のことを知っているのだ？」と思ったのは私だけではなかったようだ。

友達が家に遊びに来たとき、あたりまえのようにバヤリースを3本持って私の部屋に入り、あたりまえのように座り込んで、あたりまえのように会話に参加するようなオカン。ＮＨＫに「しゃべり場」という青少年の討論番組があったが、さしずめ私の母親は「しゃべり婆」であった。

「学校でじゅんの評判はどうや？」

そのようなことを平気で友達に聞いてしまうオカン。その程度ならまだ私も許容範囲なのだが、黙ってやりすごすと私の母親、いやオカンは、こんなことを言い出したりしたものだ。

「じゅんって野口五郎に似てるやろ？　ウチじゃこの子のことゴロンボ刑事って呼んでんねん」

私の少年時代からすでにそうだった母親、いやオカン。いまや息子が40歳を過ぎているというのに、そのしゃべり婆ぶりはまったく変わっていないのだ。

「あんたにはまだまだ負けへんで」

これは私のオカンの口癖のひとつである。いったい、オカンは私に何の勝負を挑んでいるのであろう。私にもまだ解明できない謎のひとつである。

親と子に不可侵領域はあるのか

諸君も、自分の仕事のことに母親がとやかく口を挟むことを快くは思わないであろう。しかし、オカンという種族は容赦がない。たとえば私には、いまだにオカンからこのような電話がかかってくる。

「最近テレビ出てないけど、あんた仕事は大丈夫かいな」

私が若いころ、上京したオカンが私の仕事机を勝手に片づけていたことがあった。そこで私は当然、「おい、めちゃくちゃにすんなよ」と注意したのだが、そのときオカンは私を振り返るとあたりまえのようにこう言った。

「何言うてんのや。親子やないの」

オカンはすべてをこの呪文によって帳消しにしてしまうのだ。

まだ高校生だったころ、ロックに目覚めていた私は、自分で曲を作ってもいた。部屋でギターを鳴らし、自作の曲を歌ってるときには、親や学校や世間を忘れて、一人ロックな気分を満喫することができたものだった。

そんなある日、オカンが台所で食事の用意をしながら鼻歌を歌っている。どこかで聞いたことがあるなあと思ったのだが、ある瞬間、私ははたと気がついた。それは聞いたことがあるはずなのだ。

「♪光のないうちに進め〜」

それは私が作詞・作曲したオリジナル曲だったのである。

私が曲を作って悦に入っているころ、オカンは隣の部屋でこっそりそれを聞いていたのである。しかもそれを鼻歌を歌えるまでに覚えてしまっていた。唖然《あぜん》としている私に気づいて、オカンはこう言った。

「あんたこれ、ええ曲やなあ〜」

まだ青かった青春時代、私は不良になりたくて音楽を始めた。親や学校や世間にアンチを唱えるつもりでロックに傾倒したのだ。

しかしオカンは「息子のファンになる」という荒技でその目論みを台無しにしてくる。このときの私の行き場のない憤りは諸君にも想像できるであろう。

2000年に、私はバンド活動をしていたころの曲や、かつて作ったオリジナル曲をもとにベスト盤を発売した。もちろん、高校時代の名作「光のないうちに進め」も収録した。私にとっては自分のロック史を総括する一枚となったのである。

しかし、先日帰省してみると、案の定オカンはそのCDを買っていて、さらにはそれを聴くためにCDラジカセまで購入していたのだ。

「この曲なあ、ちょっと早口で全部は歌えへんのや」

オカンは全部マスターするつもりなのだった。

「この曲好きなんや。あんた子供のころから歌ってたもんなあ。名曲や」

これがロックだった自分の四半世紀後の結末である。親孝行家としては悪くない展開だが、正直に言って、ひじょうに複雑な気分だったことは告白しておこう。

母親は最優先項目

そんな風に誰よりも私のファンでいてくれたオカンではあるが、しかしそれを自分よりも優先されると突然怒りだすのもまたオカンである。

その昔、バンドブーム、イカ天ブームというものがあった。私もバンド「大島渚」を組み出場、正月に武道館の舞台に立ったこともあった。私の音楽、いや私の熱狂的なファンであるオカンであれば、その息子の晴れ舞台を何よりも喜んでくれると思っていた。しかし、それは浅はかな考えであった。その報告をしたとき、オカンは猛烈に怒りだしてしまったのだ。

「毎年正月は家族旅行に行くって決めてるのに、それを捨てて、そんな〝趣味〟を取るんかいな！」

その剣幕たるやちょっとしたものであった。そう、「息子が武道館に立つんだぞ」というのはこちらだけの理屈。オカンにとっては「あんたの本業やないやろ！」「しかも旅行をやめるなんてなんや！」なのである。

ロックに憧《あこが》れロックのスタイルで生きていたい自分、そして親孝行家としての自分。このときの私がどれだけ張り裂けそうな気持ちになったたか、諸君には想像できるであろうか。また、盛り上がっていたい自分とまったりした親子関係、この両者はどのように融合させるべきか、私は試行錯誤を繰り返している。

たとえばあるとき、私は親孝行旅行のときに豹《ひょう》柄のコートを着て行ったことがある。親孝行プレイにはそぐわないと知りつつ、そのプレイ中にふだんの自分をどれだけ出すことができるのかを実験してみたのだ。私はオカンに「あんたそんな服やめときや。水商売みたいやで」と言われるものだと思っていた。そのとき私は自分自身がどのような反応をするのか、それを見極めたかったのだ。しかし、オカンという種族はいつもこちらの予想もつかないリアクションをする。

「ええなあ、そのコート。どこで買《こ》うてんのや、お母さんも欲しいわあ」

太刀打ちできない、とはまさにこのことである。おかげで私の親孝行実験はよりエスカレートすることになってしまった。一度本気で怒らせてみようと思い立ち、私はスカートをはいてメイクもきちっとし、つまり女装をして京都に帰ったのである。当時の私は30歳をとっくに過ぎていたと思う。

オカンがどんな反応をするのか、私はどこかわくわくしながら実家の玄関のドアをあけた。すると、そこに立っていたオカンは驚きもせずこう言った。

「あんた似合うなあ。若いころの私にそっくりやわ。きれいやな～」

諸君、私は身をもって知った。母親に息子は絶対に勝つことはできない。どんな抵抗も無駄であるということを。

この諦観《ていかん》はネガティブなものに見えるかもしれない。しかし、その後の親孝行プレイの上達は、すべてこの諦観から始まったように思えるのである。

すべてを諦《あきら》める覚悟

この諦観についてもう少し詳述しておこう。

「あんたは関西におったら、もうちょっとでやしきたかじんになれたんや」

私のオカンはそんなことを平気で言う。

「私だって芸能界入ったら坂東英二さんみたいになれたんや」

それはどういう根拠なのか、問いただす気力すら失わせるのがオカンのオカンならではのところである。

思春期や反抗期は「親の知らない自分の世界を作る」という意味でもある。その時期にほとんどの者は親孝行を忘れ、えなりかずきになれずに大人になっていってしまうと、この講義の冒頭でも述べた。

しかし、オカンというものは息子の方でどれだけ親と距離を置こうが、オカンから息子への距離というのはいつまでも一定なのである。それもたいへんな至近距離なのだ。

そんなオカンに抵抗は無駄だ、とさきほども述べた。

たとえば若いころ、実家に帰るとテレビの歌番組を見ていたオカンが「じゅんの好きなロックの人出てるで」と私を呼ぶことがあった。誰が出ているのだろうと思いテレビを見ると、そこに映っていたのがアルフィーだったというこのギャップ。若いうちはこれはイライラするであろう。「そんなもん好きでもロックでもねぇよ！」と怒ったりもするだろう。

しかし、母親と息子の距離感の認識、母親への抵抗が無駄であるという自覚を持つことができれば「好きなんや、これアルフィーいうんやで」と優しく言うことができる。

諸君はもうその境地に達しているだろうか。

私の経験上、このレベルに達した後に親孝行プレイを開始しないと、ところどころで破綻《はたん》が出てくるので、まずは諸君自身の意識改革を促しておきたい。

母親はいつまでも息子の恋人

認めたくないことなのだが、母親はいつまでも息子の恋人である。これはもう紛れもない事実、永遠不滅の真実である。

よく「娘さんを私にください」というシーンで、「娘を持っていく前に一発殴らせろ」という父親の伝統芸がある。実際にやっている人は見たことも聞いたこともないが、いま誰もがこのシーンを思い描けたということは、それだけ一般的な感覚なのだろう。

しかし、このシチュエーションにおける母親と息子のシーンというものはない。「息子を持っていく前に私にも一発やらせろ」と言う母親の姿をイメージできる者は、あまりいないと思う。

それはなぜか。これは「妻」の章で述べているとおり、母親は息子が結婚しようが「別れた」という気持ちにはまったくなっていないからである。娘が結婚してしまう父親に起こる「別の男に取られた」という感覚はまったくなく、「愛人にくれてやった」という感覚でしかないのだ。

初めて抱きついた女、初めて手をつないだ女、初めて胸を触った女、初めてキスをした女、初めて男性器を洗ってくれた女、初めて泣かせた女。

諸君の背筋にはすでに冷たい汗が流れているであろう。そう、この女性とはすべて、諸君の母親なのだ。妻や恋人がどれだけ頑張ったところで、諸君にとって母親を上回るラブラブ期は決して築くことができないのである。

思春期や反抗期というのは、その事実に気づきかけたところで「オレは母親なんか好きじゃない！」と必死にその考えを振り払おうとする時期だとも言えるのである。

しかし、私の場合はやはり敵はそんなことにはおかまいなしだった。

正直に告白しよう。高校三年まで、私のオカンは私にバレンタインチョコレートを贈ってくれた。確かに高校生のころはもらっていた。それはモテない息子に気を遣ったのか、ただたんに自分があげたかったのかはわからないが、バレンタインデーともなると私の部屋の机には、オカンからのチョコが置かれていた。友達に「バレンタインもらった？」と聞かれて「うん、1個だけもらった」とは言いつつ、それがオカンからのものだった自分が悲しかったのも事実である。

しかし、いまやその息子もいい大人である。仮に母親と息子は恋人だとしても、別れて暮らしてもう20年以上が経つし、しかも東京と京都で遠距離恋愛だというのに、オカンの恋人気分は一向に醒《さ》める気配はないのである。

こちらが何を言っても、何をしても、まったく別れるつもりのない女。そして実際に、別れられない女。「産んで育ててくれた人」というのは、すでに優先順位では下位に位置する関係である。母親というのは、諸君にとってタチの悪い、いつまでも味方でいてくれる恋人である。そして、諸君はその運命から逃げることはできない。

これもまた、諸君は諦め、受け入れざるを得ない事実である。

親孝行プレイの最終目標

私がいかに挫折《ざせつ》を繰り返し、しかしそのおかげで強靭《きょうじん》な親孝行精神力を鍛えていったか、これでだいたいおわかりいただけたのではないかと思う。

繰り返すが、私の親孝行プレイは「すべてを諦めた」ところから始まっている。どうしたってオカンというものには勝てないし、そもそも何を言ったところでオカンというものは聞いてもいないのだ。

このように親孝行学のすべてを語る以前にも、私はときおり雑誌などで親孝行試論とでもいうべきエッセイなどを書いている。親孝行はもはや偽善で行うべきだ、という趣旨の原稿である。そしてもちろん、私のオカンはそれをなぜか見つけだし、読んでいるのである。果たして、オカンの感想とはこうだった。

「偽善とか言うてるけど、あんたはホンマは優しい子や。ウケるためやろ、わかっとるがな」

そんなオカンをどうすればぎゃふんと言わせることができるのか。私の果てしなき親孝行道はこのモチベーションのうえに成り立っている。

「あんた私にそっくりやわ、歯ぐきの感じとか」

私が険しい親孝行道を突き進んでいるとき、当のオカンはそのようなすべてのやる気を失わせるようなことを平気で言う。だからこそ、己を奮い立たせてこの道を進む。

「あんたココから生まれてきたんやないか」

オカンに股間《こかん》を指さしてそんなことを言われても、負けずに立ち向かってやろうと決意も新たにするのである。

私の親孝行プレイの当面の最終目標は「オカンから爆笑を取ること」にしている。私がイベントを開催すると、それなりにたくさんのお客さんが集まって、おおいに笑ってはいただける。しかし、それは私や私のネタを好きな人が笑おうと思って来ているわけで、誤解を恐れず言えば、ある意味では簡単なことなのである。

感動させて泣かせることなど、すでに親孝行家として熟練した私には造作のないことである。しかし得体の知れない怪物を笑わせることができれば——そのとき、親孝行プレイはひとつの完成形を見せ、そして、さらにグレードの高い親孝行が始まるような気がしている。

親孝行ができる大人になるには

これで私の親孝行プレイの講義は、一応終了である。

明日からの諸君の親コーラーぶり、そしてそのプレイを受けた諸君の親の喜ぶ顔がいまから想像できるようだ。願わくは、日本中の人々が私が提唱した新しい親孝行像に近づいてくれることを。そして、現代社会で深刻な問題となっている時代錯誤の親孝行が生む悲劇が撲滅されることを祈らずにはいられない。

さて、講義はすべて終了したが、実はまだ諸君に肝心なことを伝えてはいない。そう、親孝行プレイを行うその前に、そもそも諸君がどのような人間になっていなくてはならないのか、ということをまだ私は述べてはいない。

諸君は親孝行ができる大人なのか、その話で締めくくりとしよう。

すでに述べたとおり、私は子供のころから親孝行を「プレイ」として実行していた。

私は仏像にとりわけ興味を持っているのだが、それは仏像好きだった祖父の影響で始まっている。しかし子供のころはもちろん、一人で寺に仏像を見に行くこともできなければ、仏像に関する本も少ない小遣いでは満足に買うこともできなかった。親に連れていってもらったり買ってもらったりするしか手だてがなかったのだ。

そのためには、親にうまいことを言って喜ばせる必要があった。それは完全に「かけひき」であったと言える。無報酬でお金を出してもらったり育ててもらうためには、精一杯喜んでもらうことをモットーとしなければならない。

しかし、10代になると私にもやはり「反抗期」が訪れた。私の場合はその象徴は70年代の「ロック」であった。そしてもちろん、「ロック」と「親孝行」は完全に当時の私にとっては相反するものであったのだ。

そんな風に反抗期とともにロックへと傾倒していってしまった者が親孝行をするためには、その世界での「ウハウハ期」を体験しなくてはならないと私は思う。

具体的に説明しよう。ロックに傾倒するということは、すなわちロックスターのような生き方、スタイルに憧《あこが》れるということである。それは極東のこの島国においては、おおよそ次のようなステップを踏むことになる。

まず最初は親への反発から親が理解できないロックの世界に飛び込む。次はミュージシャンをめざすが売れなくて、汚い小さな部屋でギターをかきならして曲を作る時期がやってくる。その次に売れて金回りもよくなっていいクルマに乗って、売れない時期に結婚した嫁もいるのだが、「そんなの関係ねえよ」とばかりに若い女性とウハウハで、というサクセスストーリーである。

もちろん、誰もがロックスターになれるわけではないので、このステップすべてを順守する必要はないのだが、そんな風に「ウハウハ期」を迎え、反抗期のころに思い描いた理想がある程度叶《かな》ったあとで、ようやく人は満足するのである。そしてそのとき初めて、反抗期前に親孝行プレイをしていた相手、すなわち「親」のことを考える余裕が生まれるのだ。

一度でもロックスターに憧れた人間なら、たとえ到達地点がロックや音楽でなくとも、「こうしたかった」という理想をクリアしなければ決して満足はしないであろう。売れなくて結局不完全燃焼のまま音楽をやめてしまって、いまだに愚痴ばかり言っている、などという輩は、いつまでも反抗期を終えることができない。すなわち、親のことを考える余裕が生まれないのである。

ロックに限った話ではない。仕事でも家庭でも趣味でも女遊びでもいい、とにかく「よし、オレはやるだけやったぞ」という達成感を得た者でなければ、永遠に親孝行への道は開かれない。逆に言えば、そこまでやれば後に残ったやるべきことは、もう親孝行しかないのである。

諸君は、もう自分にご褒美をあげることができているのであろうか。
そして、親にご褒美をあげる余裕はあるのだろうか。
親孝行プレイとは、諸君の大人としての成長を物語る行為でもあるのだ。

あとがき ――親孝行、したい時には技はなし（では困る）

一家団欒《だんらん》、家族の絆《きずな》、家族円満、家族愛、家族水いらず……。

どれもこれも温かい響きを持った言葉だが、口にするとどれもこれも堅苦しくて恥ずかしいものだ。いや、照れくさいと言ったほうがいいかもしれない。

それは好きな人に向かって「愛してます」と告げることに似て、ドラマや歌の世界のようにはなかなか素直になれないものだ。人は人生という旅の途上で傷つき、喜び、自惚《うぬぼ》れ、裏切られ、裏切り、挫折《ざせつ》し、また立ち上がる。自分らしさというものは平々凡々とした日々から生まれるものではなく、自分らしくないことをしてこそ初めて気づくものである。

〝親孝行、したい時には親は無し〟

せっかく本来の自分らしくなれた時には親はこの世にいない。実に切ない話である。人は〝死〟という終わりがあることを薄々わかってはいるものの、それは実際直面しなければハッキリと確認できない。何とぼんやりした動物であろうか。

〝いなくなってからわかる　親の愛〟

そして手遅れに一生、後悔するわけだ。

もうごめんだ！

せめて私の代からはそんな悲しい人間を出したくないというのが、本書を著した理由である。

「あなたはそんな子じゃなかった」

親と同居していたのは遠い過去のこと。それからいろんな出来事があって、自分なりに変わってきたつもり。

「もっと昔は優しい子だったのに」

意見はいろいろあるだろう。昔に増して、もっともっと優しくなっていることが、人間としての成長なのだろう。しかし親は忘れている。息子が、娘が、昔はもっとダメな奴だったことを。

私は私なりの成長を知っている。しかし、それを親の前で得意げに語る恥ずかしさも知っている。世代のギャップというものは、たとえ血が繋《つな》がっていようとも、どうすることも出来ない。親のセンスと子供のセンスは、決して同一ではないからだ。

私はそれが言いたくて、何度も親と対立してきたが、今は違う！　手遅れに後悔したくないからだ。

親というものは子供に対し、アホウのように優しいものだ。それを裏切るニュースが取り沙汰《ざた》されるのも、その裏付けであることは言うまでもない。そんな優しい最終的な味方を、本書ではあえて〝困った存在〟として扱った。誤解なきよう。それは嬉しさ過剰で、ついつい昔のように甘えてしまって困る存在の意味だ。

私は一人っ子であったために、幼いころから親の愛（うーん、照れくさい）を一身に受けてきた。だから私も必死でそれに応《こた》えようとしてきた。エナリスト誕生は日々の愛の戦争の結果であったとも言えよう。

昔は優しい子だったのは、さらに親が優しい親だったことに他ならない。19歳で単身上京してから、もう20年以上にもなる。それにはもちろん親の援助を抜きには語れない。でも一人立ちするということは、そこからの脱出であり、キツイ言い方をすると決別である。

「あんた一人では出来ない」と、優しく手招きする親を「一人で出来るから黙っといてくれ！」と突っぱねることである。これは決して反抗でも反発でもない。必死のツッパリ。

もちろん親もわかってくれているだろう。気が立った子供に戸惑いながらも——。

私はある時からすべての単語の下に〝ブーム〟と〝プレイ〟を付けてみることにした。

たとえば〝失恋〟。それだけでは従来の悲しみだけが残る言葉だが、『失恋ブーム』『失恋プレイ』と呼ぶことによって、何だかとっても陽気な雰囲気が醸し出される。それなら一丁、オレも乗っかってみるか！　みたいなノリがある。

〝親孝行〟も本来、喜んでやることなのだが、気の重い字ズラと響き。

『親孝行ブーム』、さらに『親孝行ブーム！　到来!!』、スポーツ新聞の見出しのように伝えることによって、何だかよくわからないがブームに乗り遅れたくない人たちの不安を煽《あお》ることが出来ないだろうかと考えた。

そして本書のテーマである『親孝行プレイ』。この発想の転換は、理屈抜きで〝親を敬え〟と説いた古くからの儒教の教えを払拭《ふっしょく》するであろうと思う。

いつの日か親の期待通りの息子や娘になれたとしても、親がこの世にいないんじゃどうしようもない。いるうちにこそ気軽にレッツ・プレイ！

今年の夏、私は親友の作家・いとうせいこう氏に同行願い、両親を連れ新潟を旅した。

私たちは東京から新幹線で新潟入り。両親は大阪から飛行機でやってきた。迎えに行った空港で、いとう氏は開口一番、

「お疲れだったでしょう。お荷物、持ちますよ」と、優しい笑顔で言った。

私はその後ろで、「おぉ」とか「あぁ」とか、居心地悪そうに相槌《あいづち》を打ち続けていた。

血の繋がった者同士の中に一人、他人が介入する新しい親孝行のスタイル

は、一見、不自然に思われるだろうが、前例（いとう氏の御両親と他人の私との旅行）でかなりの実績を上げていた。息子が照れくさくて言えないところを、親友がいち早く察知して代弁していく。

「この旅行、実は心待ちにしてたんですよ」

私は目的地に向かうタクシーの中、雄弁に語る頼もしい親友の横顔を見つめ感謝した。

実はこの旅の目的は、私の母親の生まれ故郷を訪ねるというものだった。親孝行プレイとしては最適な旅だ。

「私の母が新潟の生まれでしてね、私は三歳までしかいなかったんですが、そこの親戚《しんせき》に牧師をしていた者がいましてね――」

母親は嬉《うれ》しそうに語りだした。私一人なら「ようわからん！」とか「もう、うるさいなぁー」とツッコミをすぐに入れるところ、いとう氏はまるでメモを取るように「なるほど、なるほど」と頷《うなず》き、時には「ちょっと待ってくださいよ、お母さん。その親戚の方が〝東京のお姉さん〟と呼ばれてる方ですね」と、確認まで取った。母親はよほど嬉しかったらしく、タクシーが目的地に着いても話をやめようとはしなかった。

盛り上がる会話を外にして、私は父親と顔を見合わせ「どうや、元気にしてるか？」「まあボチボチ、お父さんのほうはどうや？」的なキャッチボールを久しぶりに楽しんだ。

いまだ私には誰の墓だかわからないのだが、新潟の新発田《しばた》市で、母親はとうとう発見した。

「見て下さい！　この写真に写ってるお墓と同じでしょ！　ね！　いとうさん」

お、おいおい！

本当の息子、そっちのけやないの。私は主にカメラマンを担当した。両親といとうさんのスリーショット。「ちょっと、オカン。そこに立つと墓が入らへんよ」

その日は近くの温泉旅館で一泊した。この講義でも述べた2部屋作戦だ。

父親と私、そして親友で温泉に入る。

「いつも息子が仲良うしてもろて、ありがとうございます」

オールヌードだが、会話は硬い。

「今度、よろしければお父さんのお作りになってる家庭菜園を拝見したいです」

親友はそう言って緊張感を和ませる。私は頼もしい親友のヌードを横目にまたも感謝した。

夕飯はその2部屋ではなく、少し広い座敷に用意されていた。そこでも母親はテンションを下げることなく喋《しゃべ》り続けた。

「遠縁に当たる○○ちゃんのおじさんが、牧師をしておりましてねー」

「○○ちゃんとは、誰でしたっけ？　もう一度、ご説明お願いいたします」

親友はそう言って、母親を盛り上げてくれる。私はだんだん気の毒になってきて、「もうええやろ！」とか「知らんわ、そんな奴」のツッコミを入れ始めた。それは初めてこのスタイルで旅行する親友へのサービスのつもりであったのだが、母親は「キツイこと言うでしょ、昔はもっと優しい子やったんですけどね」と、悲しそうな顔をした。

いかん！

親友を同行しての親孝行旅館

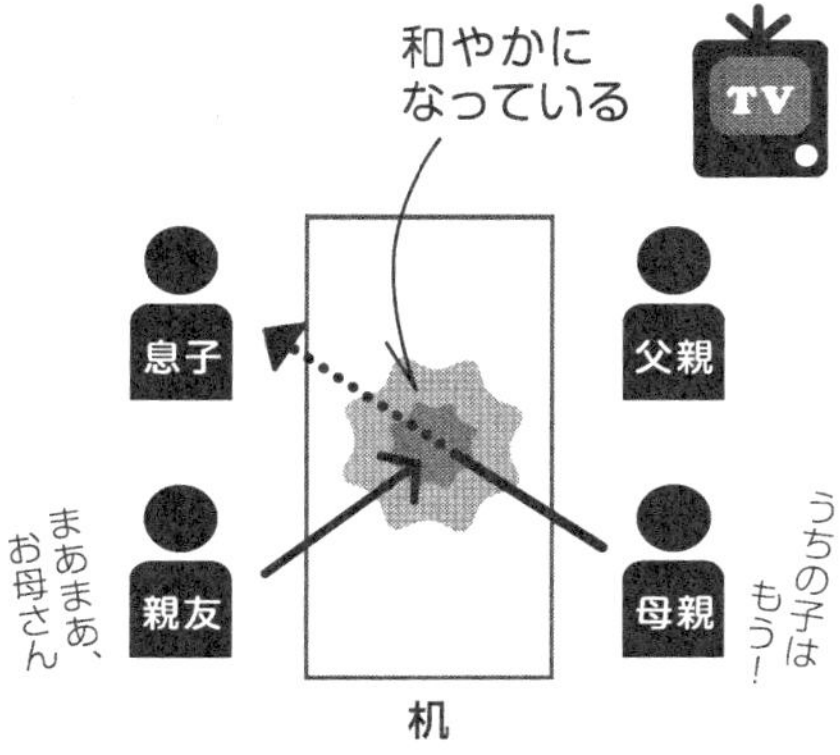

私は親孝行プレイであることを忘れてしまっていた。

しばし中座。私は少し頭を冷やす意味と、〝頼む親友、フォローを！〟のサインを込めてトイレに立った。用はすぐに済んだが、私はゆっくりと（時間にして5分間ぐらい）部屋に戻った。

「いや、少しキツイ言い方でしたけど、本当は御両親思いの優しい人だと思いますよ。きっと、お母さんのお顔を見ると甘えちゃうんじゃないですか。よくわかりますよ、僕もうちの両親の前ではいつもあですから——」

襖《ふすま》越しに親友のフォロー・プレイが聞こえてきた。私は頼もしい親友のフォローにまたまた感謝した。

次の朝、朝食をとる母親の顔は少し暗かった。前夜の私のキツイ物言いが原因であることはすぐにわかった。私はひどく反省した。この旅行の意味をすっかり忘れてしまうほど甘えていたからだ。

炎天下、汗をダラダラ流しながら、今度は母親の言う牧師さんのいた教会を捜し歩いた。市役所に駆け込み、昭和10年代の地図を見せてもらった。戦後、地理も変わってしまっているようだ。それでも苦労の甲斐あって発見できた時、涙が出そうに嬉しかった。

母親の喜ぶ顔、それを見守る父親の顔。そして「本当、良かったですね」と微笑む親友の顔。

私は両親と別れる時、母親に向かって手を差し出した。照れくさいが、こんな時は握手である。恥じることなかれ！　親を喜ばしたい気持ちは誰でも同じ。心に〝プ・レ・イ〟の三文字を刻み前進あるのみだ。〝親孝行プレイ、したい時には親はなし〟では困るのだ。諸君の成功を祈る！

文庫版あとがき

　しこたま飲んで、いや酒に飲まれてしまって、誰かが「もう、そろそろお開きということにしましょうか」なんて、飲み屋ストップを出すと俄然《がぜん》、淋《さび》しくなって、「もう、オレは死にたいね、いや、死ぬね」などと、さも自分だけが死に向って生きてるよーな発言をして、まわりを困らせることがある。

　中には優しい人もいて「ホント、死なないでくださいよ」なんて、言ってくれちゃったりして「わ、分ったよ、もう言わないからもう一軒だけ、ね」などと、甘えちゃったりしてる自分は、いい気なもんだ。

「死ぬ死ぬ」、言ってる奴ほど長生きだという格言があるように、元気過ぎる余り死までネタにして酒を飲んでるような奴はなかなか死なせてもらえないように出来ている。

　昨今、母親が弱り始めた。

　母もまた、かつては元気過ぎる余り「もう来年はいないかも知れない」とか言って、家族を困らせてきた。しかし、今度は何も言わない分、逆に心配になる。「一度、墓を見ておいて欲しい」などと、真顔で言われると「まだ入るなよ」と、淋しくなる。

『親孝行プレイ』とは、「心が伴ってからでは親孝行も手遅れになることがある」をコンセプトに、プレイの一環として親孝行を実践しようというものだった。そう、SMプレイとかと同じようにだ。

死とはたぶん崖《がけ》のようなもの。まだ、その崖が見えてない内はいくらでも「死にたいね」などと余裕があるが、だんだん見えてくるに従い、屁放り腰《へっぴりごし》になる。親孝行とは、そんな屁放り腰な親をこちらに向かせ、少しでも崖の恐怖を和らげる行為だ。崖が近づいてくるのを止めることは出来ないけれど、親の体勢を180度クルッと回し、(後ろ向きに歩かせ)「いやぁー昔、こんなことがあったねー」などと、親と向き合いながら会話することにある。いずれ誰しもが落っこちる崖ではあるが、一人ぼっちで落ちる宿命を誤魔化《ごまか》し、誤魔化し生きるのが人間の智恵《ちえ》というものだ。

是非とも、手遅れにならない内に『親孝行プレイ』を実践して頂きたい。

2007/3

みうらじゅん

本書は二〇〇二年十月に「新『親孝行』術」として宝島社文庫から刊行されたものですが、二〇〇一年十一月に刊行された同名の宝島社新書を底本としています。

親孝行《おやこうこう》プレイ

みうらじゅん

平成19年 4月25日　初版発行
令和6年 12月15日　17版発行

発行者●山下直久

発行●株式会社KADOKAWA
〒102-8177　東京都千代田区富士見2-13-3
電話　0570-002-301（ナビダイヤル）

角川文庫 14653

印刷所●株式会社KADOKAWA
製本所●株式会社KADOKAWA

表紙画●和田三造

ISBN978-4-04-343406-0　C0195

◆◇◇

角川文庫発刊に際して

角 川 源 義

第二次世界大戦の敗北は、軍事力の敗北であった以上に、私たちの若い文化力の敗退であった。私たちの文化が戦争に対して如何に無力であり、単なるあだ花に過ぎなかったかを、私たちは身を以て体験し痛感した。西洋近代文化の摂取にとって、明治以後八十年の歳月は決して短かすぎたとは言えない。にもかかわらず、近代文化の伝統を確立し、自由な批判と柔軟な良識に富む文化層として自らを形成することに私たちは失敗して来た。そしてこれは、各層への文化の普及滲透を任務とする出版人の責任でもあった。

一九四五年以来、私たちは再び振出しに戻り、第一歩から踏み出すことを余儀なくされた。これは大きな不幸ではあるが、反面、これまでの混沌・未熟・歪曲の中にあった我が国の文化に秩序と確たる基礎を齎らすためには絶好の機会でもある。角川書店は、このような祖国の文化的危機にあたり、微力をも顧みず再建の礎石たるべき抱負と決意とをもって出発したが、ここに創立以来の念願を果すべく角川文庫を発刊する。これまで刊行されたあらゆる全集叢書文庫類の長所と短所とを検討し、古今東西の不朽の典籍を、良心的編集のもとに、廉価に、そして書架にふさわしい美本として、多くのひとびとに提供しようとする。しかし私たちは徒らに百科全書的な知識のジレッタントを作ることを目的とせず、あくまで祖国の文化に秩序と再建への道を示し、この文庫を角川書店の栄ある事業として、今後永久に継続発展せしめ、学芸と教養との殿堂として大成せんことを期したい。多くの読書子の愛情ある忠言と支持とによって、この希望と抱負とを完遂せしめられんことを願う。

一九四九年五月三日

角川文庫ベストセラー

見仏記
いとうせいこう
みうらじゅん

幼少時から仏像好きのみうらじゅんが、仏友・いとうせいこうを巻き込んだ、〝見仏〟の旅スタート！ 数々の仏像に心奪われ、みやげ物にも目を光らせる。仏像ブームの元祖、抱腹絶倒の見仏記シリーズ第一弾。

見仏記2
仏友篇
いとうせいこう
みうらじゅん

見仏コンビの仏像めぐりの旅日記、第二弾！ 四国でオヘンローラーになり、佐渡で親鸞に思いを馳せる。ふと我に返ると、気づくは男子二人旅の怪しさよ……。ますます深まる友情と、仏像を愛する心。

見仏記3
海外篇
いとうせいこう
みうらじゅん

見仏熱が高じて、とうとう海外へ足を運んだ見仏コンビ。韓国、タイ、中国、インド、そこで見た仏像たちが二人に語りかけてきたこととは……。常識人なら絶対やらない過酷ツアーを、仏像のためだけに敢行！

見仏記4
親孝行篇
いとうせいこう
みうらじゅん

ひょんなことから、それぞれの両親と見仏をする「親見仏」が実現。親も一緒ではハプニング続き。ときに盛り上げ、ときに親子げんかの仲裁に入る。いつしか仏像もそっちのけ、親孝行の意味を問う旅に……。

見仏記5
ゴールデンガイド篇
いとうせいこう
みうらじゅん

京都、奈良の有名どころを回る〝ゴールデンガイド〟を目ざしたはずが、いつしか二人が向かったのは福島県。会津の里で出会った素朴で力強い仏像たちが二人の心をとらえて放さない。笑いと感動の見仏物語。

角川文庫ベストセラー

見仏記6 ぶらり旅篇
いとうせいこう
みうらじゅん

ぶらりと寺をまわりたい。平城遷都1300年にわく奈良、法然上人800回忌で盛り上がる京都、そして不思議な巡り合わせを感じる愛知。すばらしい仏像たちを前に二人の胸に去来したのは……。

見仏記7 仏像ロケ隊がゆく
いとうせいこう
みうらじゅん

仏像を見つめ続け、気づけば四半世紀。仏像を求めて移動し、見る、喩える、関係のない面白いことを言う。それだけの繰り返しが愛おしい、脱線多めの見仏旅。ますます自由度を増す2人の珍道中がここに！

生きるヒント 全五巻
五木寛之

「歓ぶ」「惑う」「悲む」「買う」「喋る」「飾る」「知る」「占う」「働く」「歌う」。日々の何気ない動作、感情の中にこそ生きる真実がひそんでいる。日本を代表する作家からあなたへ、元気と勇気が出るメッセージ。

いまを生きるちから
五木寛之

なぜ、日本にはこれほど自殺者が多いのか。古今の日本人の名言を引きながら、我々はどう生きるべきか、苦しみ悲しみをどう受け止めるべきかを探る。「情」「悲」に生命のちからを見いだした一冊。

気の発見
五木寛之
対話者／望月勇

世界中で気功治療を行う気功家を対談相手に、日常の身体の不思議から、生命のあり方を語る。今の時代にあった日常動作の作法、養生の方法について、熱く深く語り合った対談集。

角川文庫ベストセラー

死を語り生を思う　五木寛之

少年の頃から死に慣れ親しんできた著者。瀬戸内寂聴、小川洋子、横尾忠則、多田富雄という宗教・文学・芸術・免疫学の第一人者と向かい合い、〝人間はどこからきて、どこにいくのか〟を真摯に語り合う。

巷説百物語　京極夏彦

江戸時代。曲者ぞろいの悪党一味が、公に裁けぬ事件を金で請け負う。そこここに滲む闇の中に立ち上るあやかしの姿を使い、毎度仕掛ける幻術、目眩、からくりの数々。幻惑に彩られた、巧緻な傑作妖怪時代小説。

続巷説百物語　京極夏彦

不思議話好きの山岡百介は、処刑されるたびによみがえるという極悪人の噂を聞く。殺しても殺しても死なない魔物を相手に、又市はどんな仕掛けを繰り出すのか……奇想と哀切のあやかし絵巻。

後巷説百物語　京極夏彦

文明開化の音がする明治十年。一等巡査の矢作らは、ある伝説の真偽を確かめるべく隠居老人・一白翁を訪ねた。翁は静かに、今は亡き者どもの話を語り始める。第１３０回直木賞受賞作。妖怪時代小説の金字塔！

前巷説百物語　京極夏彦

江戸末期。双六売りの又市は損料屋「ゑんま屋」にひょんな事から流れ着く。この店、表はれっきとした物貸業、だが「損を埋める」裏の仕事も請け負っていた。若き又市が江戸に仕掛ける、百物語はじまりの物語。